Q.M 学习型组织研修丛书

U0586552

影响人类文明的主要学说导论

YING XIANG REN LEI WEN MING DE

ZHU YAO XUE SHUO DAO LUN

朱进　编著

中国出版集团
研究出版社

图书在版编目（CIP）数据

影响人类文明的主要学说导论 / 朱进主编.

北京：研究出版社, 2010.12

ISBN 978-7-80168-615-2

Ⅰ.①影… Ⅱ.①朱… Ⅲ.①思想家—列传—世界 Ⅳ.①K815.1

中国版本图书馆CIP数据核字(2010)第227087号

出版发行	研究出版社	
	北京1746信箱（100017）	
	电话：010-63097521（总编室）	010-58815837（发行部）
	010-64045699（编辑部）	010-64045067（发行部）
	网址：www.yjcbs.com	E-mail:yjcbsfxb@126.com
经　销	新华书店	
印　刷	三河市金兆印刷装订有限公司	
版　次	2010年12月第1版　　2025年1月第2次印刷	
规　格	787毫米×1024毫米　1/16	
印　张	11.5	
字　数	190千字	
书　号	ISBN 978-7-80168-615-2	
定　价	46.00元	

前　言

　　纵观当今世界，高科技日新月异，新知识方兴未艾，知识总量呈几何级数增长，可谓瞬息万变。近50年人类社会所创造的知识比过去3000年的总和还要多。作为领导干部，如何应对目前多变的信息世界及信息爆炸带来的公共危机、信任危机和自身面对的庞大压力是亟待解决的重要课题。

　　我们国家历来讲究读书修身、从政立德。传统文化中，读书、修身、立德不仅是立身之本，更是从政之基。古人讲，治天下者先治己，治己者先治心。治心养性，一个直接、有效的方法就是读书。同理得证：读书学习亦是领导干部加强党性修养、坚定理想信念、提升精神境界的一个重要途径。

　　孔子曰："工欲善其事，必先利其器。"领导干部在党内和社会上处于重要位置，具有强大的行为导向和风气引领作用。领导干部既要做读书的自觉实践者，又要做学习型政党、学习型社会建设的积极倡导者，身体力行、率先垂范，并知行合一、付诸实践。当下，我们的各级领导干部承担着执政兴国、执政为民的重要职责，肩负着为官一任、造福一方的重要使命。因此，读书学习是领导干部胜任领导工作的必然要求。领导干部如果不加强读书学习，知识就会老化，思想就会僵化，能力就会退化，就难以担当领导职责，就会贻误党和国家的事业。

　　新的历史时期，领导干部若要不断提高自己、完善自己，经受住各种考验，就得坚持在读书学习中坚定理想信念、提高政治素养、锤炼道德操守、提升思想境界，坚持在读书学习中把握人生道理、领悟人生真谛、体会人生价值、实践人生追求。所以，读书是新形势下做一名称职的领导干部的内在要求和必经之路！

　　然而，建构合理的知识结构绝非读书数量的简单叠加，就像运动健将的体魄不是蛋白质与脂肪的综合一样，需要科学的、合理的"营养搭配"，要遵循知识的整体性、层次性、比例性及动态性的原则。基于这些原则，研究出版社出版了一套《学习型组织系列教程》系列，从知识的种类、内容的广度及深度做了科学的遴选。入选的内容都是与领导工作相关度较高的基础知识，是领导干部的知识结构中不可或缺的构件。因此，《学习型组织系列教程》应是一套"温故"并"知新"又系统规范的现代实用知识丛书。

这套《学习型组织系列教程》，包括《从政要论》《科技发展简史》《世界国体政体要览》《世界经济与国际贸易》《影响人类文明的主要学说导论》《中国法律知识释要》《电子政务管理》《现代金融理论与实务》《现代经济学理论》《中国历史文化通览》《逻辑思维训练》《领导干部压力缓解与心理健康调适》。内容涉及当下的理论热点、公共危机、地方经济、领导艺术等方方面面。从帮助领导干部提高理论水平，认清当前形势，综合提升施政的实践能力来说，此套丛书可视为重要的参考读物。

CONTENTS

第一章

孔孟儒家学说

背景链接

孔子，名丘，字仲尼，鲁（今中国山东曲阜）人，中国春秋末期的思想家和教育家，是中华文化中的核心学说——儒家的首代宗师，集华夏上古文化之大成。孔子生于周灵王二十年，鲁襄公二十二年，父叔梁纥居于鲁昌平乡邹邑（今山东曲阜市东南），为邹邑大夫。孔子3岁时叔梁纥去世，19岁时孔子为鲁国贵族季孙氏做小吏，娶宋人亓官氏为妻，第二年亓官氏生子孔鲤，她先孔子而死，有遗腹子孔伋，字子思。23岁时孔子在乡间收徒讲学。24岁时孔子的母亲去世，孔子将父母合葬于防。35岁时，鲁昭公被鲁国三桓大夫击败，孔子便离开鲁国到齐国。鲁定公九年，51岁的孔子仕鲁，初为中都宰（中都为今山东汶上县），一年以后又做司空，后做大司寇。鲁定二十四年摄行相事，并以"五恶"罪诛杀少正卯。孔子治下鲁国颇有起色，引起齐人警惧，最后造成鲁定公不问朝政，孔子最终去鲁适卫，率众弟子周游列国，辗转于卫、曹、宋、郑、陈、蔡、叶、楚等地，然而均未获重用。其间，在匡、宋、蒲等地，孔子一行多次被困遇险。颠沛流离达14年，公元前484年，年近七十岁的孔子被季康子派人迎回鲁国尊为国老，但未受鲁哀公的任用。这段期间孔子专注于教育和古籍整理。孔鲤、颜回、子路皆先他而去。5年后，孔子逝世，被葬于曲阜城北的泗水岸边。众弟子为其服丧3年，子贡为孔子守坟6年。

孟子，名轲，字子舆，战国时期·鲁国人。中国古代著名思想家、教育家，战国时期儒家代表人物。他继承并发扬了孔子的思想，成为仅次于孔子的一代儒家宗师，与孔子合称为"孔孟"。生卒年月因史传未记载而有许多的说法，《孟氏宗谱》上所记载之生于周烈王四年（公元前372年），卒于周赧王二十六年（公元前289年）。孟子远祖是鲁国贵族孟孙氏，后家道衰微，从鲁国迁居邹国。孟子三岁丧父，孟母艰辛地将他抚养成人。孟子约 15 岁时，受业于子思门人。学成以后，以士的身份游说诸侯，企图推行自己的政治主张，到过梁（魏）、齐、宋、滕、鲁等。孟子第一次到齐国很不得志，连威王赠送的"兼金一百"镒都没有接受就离开齐国。在公元前 329 年左右，孟子到了宋国。不久，孟子接受了宋君馈赠的七十镒金，离开宋国，回到邹国。滕文公嗣位，孟子便来到滕国。滕文公亲自向孟子请教治理国家的事情。在公元前 320 年，他到了魏国。约于公元前 318 年孟子再游齐国，受到礼遇。鲁平公（约于公元前 322 年至前 302 年在位）将要拜访孟子，因为他的小臣臧仓说了孟子的坏话，而又改变了主意。孟子这时已经六十几岁，便回到邹国不再出游，从事教育和著述。他说："得天下英才而教育之"是最快乐的事。

思想综述

儒家思想指的是儒家学派的思想，由春秋末期思想家孔子所创立。孔子创立的儒家学说是在总结、概括和继承了夏、商、周三代尊尊亲亲传统文化的基础上形成的一个完整的思想体系。

儒家政治思想是"仁政""王道"以及"礼制"，其理想是"大同""大一统"，其政治学主要阐述君臣关系、官民关系。孔子"君事臣以礼，臣事君以忠"，孟子"民为重，社稷次之，君为轻"，是儒家政治学的代表性主张。

在现实政治的问题上，儒家要求统治者和被统治者双方都要承担义务，从理论上说，被统治者有权利反抗不正常承担义务的统治者。"仁"是孔子和弟子反复探讨的课题，这一思想尤其凸显在回答"仁"为何物问题上，其弟子就"仁"曾多次提问，但孔子的答案从不相同。颜渊问仁，子曰："克己复礼为仁。"颜渊随后问具体做法，孔子说"非礼勿视，非礼勿听，非礼勿言，非礼勿动"，这是孔子对"仁"的一种解释。显而易见，这里的"仁"是个人品性问题，而不是一个社会问题，它强调的是个人行为准则，即修身问题。樊迟曾三次问"仁"，孔子在《颜渊》中曰"爱人"；《雍也》中云"仁者先难而后获，可谓仁矣"；《子路》中说"居处恭，执事敬，与人忠，虽之夷狄，不可弃也"。可见"仁"之意义因时而异，虽然三次回答各不相一，但其主旨却还是告诉樊迟做人的道理，即如何达"仁"。谁能做到"仁"的要求，便可称为"仁者"，所以孔子对"仁"的解释还有"仁人"的意思，"知者乐水，仁者乐山，知者动，仁者静，知者 乐，仁者寿"。"仁"的难易如何？对孔子而言，"仁"似乎轻而易举，"仁远乎哉？我欲仁，斯仁至矣"。孟子更多的是用"仁义""仁政""仁术"之语，其主体意思也似乎发生了转移。经过孟子的发挥后，"仁"的含义有了明确指向，可以更具体地理解它，也能加以总结和概括了。狭义上的"仁"即"仁政学说"，广义上的"仁"还有"仁人""个人修身"的意思，这也是孟子继承孔子学说的地方。就后者而言，在孟子的论述中占有一定比重，"焉有仁人在位，罔民而可为也"，这是孟子对"仁人"的厚望。对孔孟而言，仁者是无敌的。"仁，人心也"，这又强调了个人的修养问题，"仁义"即是孟子一再言及的个人行为准则。"仁之实，事亲是也"，显然这是对孔子所言"孝悌也者，其为仁之本"的认可与赞成。但孟子没有将"仁"僵化，而将它用之于政治，既而产生了狭义上的"仁政学说"。孟子把伦理和政治紧密结合起来，强调道德修养是搞好政治的根本。他说："天下之本在国，国之本在家，家之本在身。"孟子为孔子思想作出新的诠释，在基本遵循孔子论述的前提下，努力提升儒家学说的精神品格，从而发展孔子所创立的学说，使儒家思想保持了自身的活力。他以"万物皆备于我矣，反身而诚，乐莫大焉"自诩，从人作为生命的主体和人的生存的意义的角度，强化了孔子"仁"的理论的思想内涵，使之成为具有生存价值的一种理想与信念。因此，他的理论虽然在许多方面都与孔子的思想在表述上有一些差异，但却与之有着不可忽视的内在联系，在客观上起了丰富、开拓和深化儒家理论见解的作用。

"仁政学说"是孟子政治思想的主体，不仅有完整的体系，而且在当时还有实践的可能。"仁政学说"体系不仅表现在它的哲学理论基础，孟子还谈到过它的经济和政治（现实）基础。"仁政易行"则提倡分清"不能"与"不为"之间的区别，即"不去做"与"做不到"之间的差异。而其"无恒产，因无恒心"也体现了民本思想。经济基础即井田制，《滕文公上》对此有详细记载。具体细节有"五亩之宅，树墙下以桑，匹妇蚕之，则老者足以衣帛矣，五母鸡，二母彘，无失其时，老者足以无失肉矣，百亩之田，匹夫耕之，八口之家足以无饥矣"，如此"则仁人以为己归矣"，百姓依之如水之就下。"不违农时"乃"王道之始"，"五亩之宅，树之以桑，五十者可以衣帛矣，鸡豚狗彘之畜，无失其时，七十者可以食肉矣，百亩之田，勿夺其时，数口之家可以无饥矣"，这样"七十者衣帛食肉，黎民不饥不寒，然而不王者，未之有矣"。井田制的实行，可以得民众，可以招仁人，从而可以实现王政（仁政）。孟子仁政的政治基础也可说现实基础即民本思想。孔子有"苛政"之说，也要求当权者"使民以时"，也说过"为政以德，譬如北辰，居其所而众星拱之"。孟子的"仁政学说"是对孔子"礼乐"追求的扩充，是对孔子"德政"的发展。孟子"仁政思想"内涵可谓无所不包，经济方面有制民之产、薄其税敛、不违农时发展农业生产、坚持社会分工重视商业，其目的在于富民，有王天下的物质基础；政治方面要求以身行道、宽猛相济、与民同乐、选贤举能，这是仁政的直接成果；教育方面主张礼治德教。这一总结基本上将孟子的"仁政思想"概括齐全，此外，孟子强调战争中对被攻占国也要实行"仁政"。孟子"仁政思想"内容虽然很多，涉及面也非常之广，这并不表示其学说高深莫测，相反，孟子认为任何执政者只要愿意，都能实行他所说的"仁政"。

儒学的核心是仁和礼。仁就是以"爱人"之心推行仁政，使社会成员都享有生存和幸福的权利；礼就是用"正名"（即道德教化）的方法建立社会的道德秩序，使社会成员对自身的社会地位都有稳定的道德认可和道德定位。社会成员普遍享有生存和幸福的权利，就没有造反作乱的必要；社会成员普遍认可社会的道德秩序，遵守符合自身具体情况的道德规范，造反作乱就没有道德依据（即没有意识形态基础）。社会成员既没有造反作乱的必要，又没有造反作乱的意识，社会就可以长治久安。仁和礼的关系是仁礼一体。不讲仁只讲礼，礼就不会被社会成员普遍认可，就会遭到反对；不讲礼只讲仁，社会成员不受道德约束，就会由思想上的无政府状态引发现实中的无政府状态。所以仁和礼是不可分的。社会发展会使人们的道德观念发生变化，礼的一些具体内容需要根据时代的变化而予以改变和调整，这种改变和调整是仁的体现。孔子也十分重视"礼"的功用与作用。孔子之"礼"与"仁"学说共同构成了其人道思想的两条主要脉络。在道德修养方面，孔子认为，一个人要真正成为有学问、有道德修养的人，学习和运用"礼"都是一个根本条件。"子曰：兴于诗，立于礼，成于乐。"礼是立人之本，没有"礼"则在社会上无法立足，也不能适应社会环境。在社会交往方面，孔子强调人们应该以"礼"来对待他人，以恭敬的态度施行"礼"，上下级应该互相体谅，营造一种宽松的社会人文环境，这样才能达到共同进步、共同发展的目的。孔子认为"礼"作为社会交往的原则十分重要："礼之用，和为贵，先王之道。斯为美，小大由之；有所不行，知和而和，不以礼节之，亦不可行也。""和"是和谐之意，中和两个人之间不和谐的地方，使两人或更多的人能和睦相处、均衡发展，这种社会秩序约束作用就是"以礼节之"的意思，没有"礼"的约束，社会生活就会失去平衡，就容易发生一些道德失范现象。在治理人民、处理国家大事方面，"礼"的主要目的之一便是为政治统治服务。"周礼"的作用就是划分人们的上下尊卑贵贱，严格规范人们的等级制度。孔子继承了这一思想，认为以"礼"来教化引导民众是最有效的方式之一。用刑法等法治手段来惩罚不道德的人或事，人们虽犯法而受到惩罚，可心里却没有悔改之意；如果施行德政，以"礼"的精神来教化引导民众，那么人人都不敢做坏事、错事，心里时时有危惧之感，要是这样，社会也就可以达到稳定了。"礼"已经成为孔子理想人格修养的重要手段之一。它从政治制度到个人道德修养，从国家大事到日常社会生活，方方面面都渗透着"礼"的内涵。在孟子那里，他讲"礼"远不及讲"仁""义"突出，但由于他着眼于将礼内化为一种心理原则，因而，在有些地方，甚至仁、义、智、礼、乐这五者均可集合在传统意义的"礼"下。他说："仁之实，事亲是也；义之实，从兄是也；智之实，知斯二者弗去是也；礼之实，节文斯二者是也；乐之实，乐斯二者。"在仁、义、智、礼、乐这五个范畴中，最核心的是仁义，它体现的却是礼的内容："事亲""从兄"。这两者均与血缘相关，在"门内之治"的范围内，礼就是缘饰事亲与从兄的，而智、乐、礼则是分别为知此二者不可去，乐斯二者，节文斯二者。在孟子礼学中，礼还在于它对人的理性、感情相同一方面的强调。在权势者面前，孟子有意避开礼制问题，单纯从人心所同的视角出发，强调"同"。当齐宣王称自己"好乐"时，孟子已不汲汲于乐制的考察，而重在强调乐的本质，"乐者乐也"要求"王与百姓同乐"，不仅在乐方面如此，对其他的如"好货，与百姓同之，于王何有"，"好色，与百姓同之，于王何有"。同样，好田猎，也该与民共享，"文王之囿方七十里……与民同之。民以为小，不亦宜乎"。这种对"与民同之"的强调，正是从人具有相同的心理感受的观点出发，在客观上，对礼强调的差异、强调的等级起到了破坏作用。不过，从另一个角度看，这种强调"同"，强调礼乐消费的人民性内容，也可以说是挽救礼崩乐坏局面的一种方案，因为它注重百姓的利益，是从更本质的层面回归了礼。

儒家的教育目的，在于以发扬人性、完成人格为起点，直至达到建立仁治之国和大同世界的理想。儒家教育，注重学生的自动自发、教师的循循善诱、人格的感召和变化学生的气质。儒家教育思想很重视个人的发展，"性相近也，习相远也"就是儒家促进个人发展的理论基础。但儒家的个人发展不是只强调"自我"而不管他人的极端个人主义的发展，而是"己欲利而立人，己欲达而达人"的以完善人格为目标和群体和谐一致的个人发展。关于教育的对象，可用孔子的一句名言"有教无类"来概括，即不分贵族与平民，不分华夏与狄夷都可以接受教育。孔子为达到上述培养目标而确定的教学内容是六艺即：礼、乐、射、御、书、数六门课程。关于教学内容的实施（即教学过程）孔子明确提出应划分为学、思、习、行四个阶段。前两个阶段是学习知识的过程，后两个阶段则是知识外化的过程——要求学生将所学知识应用于实践，要"躬行践履"。孔子是第一个将学思结合、知行统一的观点纳入教学过程的教育家。孟轲认为人的本性虽然具有仁、义、礼、智的"善端"，但还必须通过教育，加强道德修养，尽量去扩充和发展这些"善端"。他主张只要人们不断地探索内心的"善端"，就会通过对人性的了解而达到对天命的认识。孟轲最强调的是内心的道德修养，但他同时也不否认后天环境对人性的影响。他认为后天的环境可以改变先天的心性，后天的恶习，可以使人丧失善性。孟轲认为教育的作用比政治的作用更有效果。孟轲提出的君子是指能够实行"仁政"和"王道"的人，是能够"居仁由义"的人，并能做到"富贵不能淫，贫贱不能移，威武不能屈"。孟子提出必须靠修养及发挥善性的功夫，以全力扩充存于内心的"四端"，孟子称之为"尽性"。"尽性"的修养，培养出浩然之气，使人成为"富贵不能淫，贫贱不能移，威武不能屈"的"大丈夫"，再以"心志统气"，控制自己的情感，便能成德。

儒家还有一个重视编修历史的悠久传统。但是孔子编修《春秋》，不单纯记载史事，而且也通过遣词用字的方法，体现出一套褒贬倾向，借此以表达自己的思想观点，称之为"微言大义"。由于历代儒家学者的努力，中国的编年史从西周共和元年（前841年）开始，一直到今天，一年也没有中断过。儒家重义轻利，以义为本，以义导利。儒家在经济上的基本原则是"无功不受禄，有功当受禄"。在提出"民以食为天，食以农为本"的同时，儒家赞成社会分工，而不同意农家的"贤者与民并耕而食"。儒家尊重利用自然市场经济规律，反对违背破坏市场规律，同时反对操纵市场，但认可"待价而沽"。儒家重理，又提出格物致知。儒家重视科技及在物质上的实用，提出了"用力少，见功多"的原则，并发展出了实学，但同时注重全面的人格发展，反对把人变成物质的工具。

经典篇章

一、《论语》节选

子曰："学而时习之，不亦说乎？有朋自远方来，不亦乐乎？人不知而不愠，不亦君子乎？"

曾子曰："吾日三省吾身：为人谋，而不忠乎？与朋友交，而不信乎？传，不习乎？"

子曰："弟子入则孝，出则悌；谨而信，汎爱众；而亲仁，行有余力，则以学文。"

子曰："吾十有五而志于学；三十而立；四十而不惑；五十而知天命；六十而耳顺；七十而从心所欲，不逾矩。"

子曰："不仁者，不可以久处约，不可以长处乐。仁者安仁，知者利仁。"

子曰："富与贵，是人之所欲也，不以其道得之，不处也。贫与贱，是人之所恶也，不以其道得之，不去也。君子去仁，恶乎成名？君子无终食之间违仁，造次必于是，颠沛必于是。"

子曰："朝闻道，夕死可矣。"

子曰："知之者不如好之者，好之者不如乐之者。"

子曰："知者乐水，仁者乐山；知者动，仁者静；知者乐，仁者寿。"

子曰："不愤不启，不悱不发，举一隅，不以三隅反，则不复也。"

子曰："君子坦荡荡，小人长戚戚。"

颜渊喟然叹曰："仰之弥高，钻之弥坚，瞻之在前，忽焉在后。夫子循循然善诱人，博我以文，约我以礼。欲罢不能，既竭吾才，如有所立卓尔。遂欲从之，末由也已。"

子路、曾皙、冉有、公西华侍坐，子曰："以吾一日长乎尔，毋吾以也。居则曰：不吾知也。如或知尔，则何以哉？"子路率尔对曰："千乘之国，摄乎大国之间，加之以师旅，因之以饥馑，由也为之，比及三年，可使有勇，且知方也。"夫子哂之："求，尔何如？"对曰："方六七十，如五六十，求也为之，比及三年，可使足民。如其礼乐，以俟君子。""赤，尔何如？"对曰："非曰能之，愿学焉。宗庙之事，如会同，端章甫，愿为小相焉。""点，尔何如？"鼓瑟希，铿尔，舍瑟而作，对曰："异乎三子者之撰。"子曰："何伤乎？亦各言其志也。"曰："暮春者，春服既成，冠者五六人，童子六七人，浴乎沂，风乎舞雩，咏而归。"夫子喟然叹曰："吾与点也。"三子者出，曾皙后，曾皙曰："夫三子者之言何如？"子曰："亦各言其志也已矣。"曰："夫子何哂由也？"曰："为国以礼。其言不让，是故哂之。""唯求则非邦也与？""安见方六七十如五六十而非邦也者？""唯赤则非邦也与？""宗庙会同，非诸侯而何？赤也为之小，孰能为之大！"

定公问："一言而可以兴邦，有诸？"孔子对曰："言不可以若是其几也。人之言曰：为君难，为臣不易。如知为君之难也，不几乎一言而兴邦乎？"曰："一言而丧邦，有诸？"孔子对曰："言不可以若是其几也。人之言曰：予无乐乎为君，唯其言而莫予违也。如其善而莫之违也，不亦善乎？如不善而莫之违也，不几乎一言而丧邦乎？"

二、《孟子》节选

（孟子）曰："王如知此，则无望民之多于邻国也。不违农时，谷不可胜食也；数罟不入洿池，鱼不可胜食也；斧斤以时入山林，材木不可胜用也；谷与鱼不可胜食，材木不可胜用，是使民养生丧死无憾也；养生丧死无憾，王道之始也。五亩之宅，树之以桑，五十者可以衣帛以；鸡豚狗彘之畜，无失其时，七十者可以食肉矣；百亩之田，勿夺于时，数口之家可以无饥矣；谨庠序之教，申之以孝悌之义，颁白者不负戴于道路矣；七十者衣帛食肉，黎民不饥不寒；然而不王者，未之有也！狗彘食人食而不知检，涂有饿莩而不知发；人死，则曰：'非我也，岁也。'是何异于刺人而杀之，曰：'非我也，兵也！'王无罪岁，斯天下之民至焉。"

（孟子）曰："挟泰山以超北海，语人曰：'我不能'。是诚不能也，为长者折枝，语人曰：'我不能'。是不为也，非不能也。故王之不王，非挟泰山以超北海之类也；王之不王，是折枝之类也。老吾老，以及人之老；幼吾幼，以及人之幼；天下可运于掌。诗云：'刑于寡妻，至于兄弟，以御于家邦。'言举斯心加诸彼而已。故推恩足以保四海，不推恩无以保妻子；古之人所以大过人者无他焉，善推其所为而已矣。今恩足以及禽兽，而功不至于百姓者，独何与？权，然后知轻重；度，然后知长短，物皆然，心为甚。

王请度之。抑王兴甲兵，危士臣，构怨于诸侯，然后快于心与？"

（公孙丑曰）："敢问夫子恶乎长？"

（孟子）曰："我知言，我善养吾浩然之气。"

"敢问何谓浩然之气？"

（孟子）曰："难言也。其为气也，至大至刚，以直养而无害，则塞于天地之间。其为气也，配义与道；无是，馁也。是集义所生者，非义袭而取之也。行有不慊于心，则馁矣。我故曰，告子未尝知义，以其外之也。必有事焉而勿正，心勿忘，勿助长也。无若宋人然。宋人有闵其苗之不长而揠之者，芒芒然归。谓其人曰：'今日病矣，予助苗长矣。'其子趋而往视之，苗则槁矣。天下之不助苗长者寡矣。以为无益而舍之者，不耘苗者也；助之长者，揠苗者也。非徒无益，而又害之。"

（孟子）曰："人皆有不忍人之心。先王有不忍人之心，斯有不忍人之政矣。以不忍人之心，行不忍人之政，治天下可运之掌上。所以谓人皆有不忍人之心者：今人乍见孺子将入于井，皆有怵惕恻隐之心；非所以内交于孺子之父母也，非所以要誉于乡党朋友也，非恶其声而然也。由是观之，无恻隐之心，非人也；无羞恶之心，非人也；无辞让之心，非人也；无是非之心，非人也。恻隐之心，仁之端也；羞恶之心，义之端也；辞让之心，礼之端也；是非之心，智之端也。人之有是四端也，犹其有四体也。有是四端而自谓不能者，自贼者也；谓其君不能者，贼其君者也。凡有四端于我者，知皆扩而充之矣。若火之始然，泉之始达。苟能充之，足以保四海；苟不充之，不足以事父母。"

第二章

苏格拉底的哲学思想

背景链接

苏格拉底，古希腊著名哲学家，他和柏拉图、亚里士多德被并称为"希腊三贤"。被后人广泛认为是西方哲学的奠基者。

苏格拉底出身于雅典城的一个石匠兼雕刻匠家庭，他早年继承父业，从事雕刻石像的工作,后来研究哲学。他在雅典和当时的许多智者辩论哲学问题，主要是关于伦理道德以及教育政治方面的问题。他被认为是当时最有智慧的人。作为公民，他曾三次参军作战，在战争中表现得顽强勇敢。此外，他还曾在雅典公民大会中担任过陪审官。在雅典恢复奴隶主民主制后，苏格拉底被控以藐视传统宗教、引进新神、败坏青年和反对民主等罪名被判处死刑。他拒绝了朋友和学生要他乞求赦免和外出逃亡的建议，饮下毒酒自杀而死。在欧洲文化史上，他一直被看作是为追求真理而死的圣人，几乎与孔子在中国历史上所占的地位相同。多年来，他被认为是反民主的、维护反动的奴隶主贵族利益的哲学家，近代学者对此提出了截然不同的看法。

思想综述

前苏格拉底哲学是西方哲学中在苏格拉底之前的哲学流派。尽管他们写出了十分重要的文本，但却都没有保留下来。现在所能看到的思想都是摘录自后来的哲学家、历史学家或者一些偶然发现的残本中。从那个时代开始，哲学家们就反对过去由传统对世界作出的神秘主义解释，他们试图通过理性进行重新诠释。他们追问诸如此类的问题：万物从何而来？万物由什么构成？我们如何解释自然事物的多元性？我们如何通过数学描述自然？

他们所提出的问题和悖论成为了后代研究数学、科学和哲学的基本问题。

尽管这个时期的哲学家所作出的宇宙论已经被基于现代科学的观点所取代，后代哲学家也不同意他们对其他问题所作出的答案，但这些问题的重要性是公认的。

苏格拉底可以说是古代希腊哲学的一个分水岭。在他之前，古代希腊的哲学家都偏重宇宙起源和万物本体的研究，如泰勒斯、毕达哥拉斯等，对于人生并不多加注意。苏格拉底扩大了哲学研究的范围，他将哲学引到对人心灵的关注上来。在柏拉图的《申辩》篇中可以看到，苏格拉底是如何借一个神话故事来"论证"他的这一学说的。故事说，德尔斐的传神谕的女祭司告诉苏格拉底的朋友凯勒丰说：苏格拉底是人中间最聪明的人。苏格拉底说，他感到自己并不聪明，于是就去证实这个"神谕"，因为神谕是不能轻视的，"我应该首先考虑神的话"。为了证实神谕，他就到处去找有知识的人谈话，其中有政治家，有诗人，有工匠等等。他想看看他们的知识在哪里，是否比他更智慧更聪明。结果证明这些人并没有知识，因而发现"那个神谕是驳不倒的"。于是，他反躬自问，他的聪明究竟表现在哪里。他觉得自己其实毫无所知，因而就推论到"自知自己无知"正是他的聪明所在。苏格拉底以自知自己"无知"而自豪，并要人们都"自知自己无知"。那么，苏格拉底究竟为什么要提出这种说法，它的含意究竟是什么呢？苏格拉底提出这一命题包含着一种有价值的思想，那就是认为人们的认识不应停留在个别、具体，而应提高到一般。这种看法是人类认识史上的进步，是应当肯定的；但是，苏格拉底又过分夸大了一般，有很大的片面性，更重要的是，这一命题还带有神秘主义的色彩。

苏格拉底一生最为关注的是伦理学的问题。罗马时代的一位著作家西塞罗说，苏格拉底把哲学从天上带到了人间，意思是说从苏格拉底开始，哲学才从对自然的研究转而对人类认识和道德的研究。当然，以前的哲学家并不是不管人类认识和道德问题，譬如赫拉克利特、德谟克里特等都涉及了认识和道德问题，不过他们都没有像苏格拉底那样注重对人类认识、道德问题的研究。苏格拉底强调探究体现了神的智慧和意志的事物的目的，同时他教人要"认识自己"，就是说要人认识"真正的我"。这个我是指我的灵魂（心灵），也就是"理智"。他认为一个人应当关心自己的灵魂，因为只有灵魂或理智才能使人明辨是非。一个把自己的灵魂或理智看作至高无上的人，自然能知道什么是"善"，什么是"恶"，并且能够做一个有道德的人。所以，苏格拉底把他的伦理学说建立在一种知识论上。照他看来，"美德就是知识"，而不道德便是无知的同义语。最高的知识就是对"善"这个永恒的、普遍的、绝对不变的概念的知识。这样，"美德就是知识"的意思也就是说美德即关于善的概念的认知。所以道德也不应像智者派所说的那样是相对的、变动的，而是绝对的不变的。

既然美德即关于善的知识，那么善这个概念的含义究竟又是什么呢？苏格拉底的回答并不很明确。有时他认为善就是对人有用的、有益的，诸如健康、有力、有财富、有地位、有荣誉等等。此外，还有节制、正义、勇敢、敏悟、强记、豪爽等所谓"灵魂的善"。这些行为有时有益，有时亦有害，究竟有益或有害，主要取决于是由智慧的灵魂还是由愚蠢的灵魂来指导它们。所以，善可以说系于智慧，美德也就是智慧。这样，便又回到了"美德就是知识"这一命题。

苏格拉底认为美德是知识，知识是可教的，但并不是从外面灌输给人的。因为美德和知识（一般概念）一样，并不来自客观自然界，而是人的心灵先天有的。但先天有的并不等于就是现成的，人们并不能一下子就意识到这种先天有的知识，而必须通过一系列的引导、启发，也就是"教育"。所以他认为自己并不是像智者派那样，拿一些现成的知识、道德去传授给别人，而只是把别人先天有的、潜在的知识，也就是美德诱发出来，或者就是引导人们走向知识和美德。正是在这个意义上他称自己是知识的"助产士"。人们已在心上怀了"胎"，不过自己还不知道，苏格拉底像一个"助产婆"，帮助别人产生知识。苏格拉底的助产术，集中表现在他经常采用的"诘问式"的形式中，以提问的方式揭露对方提出的各种命题、学说中的矛盾，以动摇对方论证的基础，指明对方的无知；在诘问中，苏格拉底自己并不给予正面的、积极的回答，因为他承认自己无知。这种方式一般被称为"苏格拉底的讽刺"。苏格拉底的这种方法是由爱利亚学派的逻辑推论和爱利亚的芝诺的反证法发展而来的。在苏格拉底的讽刺的消极形式中存在着揭露矛盾的辩证思维的积极成果。苏氏自比产婆，从谈话中用剥茧抽丝的方法，使对方逐渐了解自己的无知，而发现自己的错误，建立正确的知识观念。这种谈话也有几个特点：第一，谈话是借助于问答，以弄清对方的思路，使其自己发现真理。第二，只有在谈话进行中，苏氏则偏重于问，他不轻易回答对方的问题。第三，他只要求对方回答他所提出的问题，他以谦和的态度发问，由对方回答中而导引出其他问题的资料，直至最后由于不断的诘询，使青年承认他的无知。在发问的过程中，苏氏给予学生以最高的智慧，此即有名的苏格拉底反诘法。苏格拉底的这种方法，在西方哲学史上，是最早的辩证法的形式。

苏格拉底生活的年代正是雅典的民主制由于先天的理性缺失而变成新的暴政专治，民主的理想最终成为非理性政治和暴民政治。苏格拉底认识到了雅典直接民主制的局限——人民的决定不一定都合乎理性，他们很可能盲目行事，也往往会意气用事。由于人们的决策往往建立在个体的感觉、体验和情绪之上，人数多不一定能产生理性、正义和民主。因此，基于理性的反省和批判，苏格拉底反对"无限民主"和"直接民主"，主张"精英民主"。他清楚地看到，如果多数人的统治不被限制，民主的理想就会成为一种新的专制权力的根据。多数的无限权威意味着多数的权力泛用，因为，一旦多数拥有了无限的权威，那么任何持有与多数不相同的见解的个人或数量上处于弱势的群体的意见，便很难得到尊重和保护；多数可以不让少数陈述意见，可以随意地否定少数的意见，甚至可以任意处置少数，而少数若受到不公正的待遇却无处伸冤。更坏的是，多数的无限权威将为不断反复的、冤冤相报的暴行种下祸根——今天可以任意处置少数人的多数人，明天则有可能成为被另外的多数所随意处置的少数人，这将使社会最终处于一个不稳定状态。很显然，苏格拉底已经超越了古希腊的民主理论，为近代自由民主理论的产生奠定了基础。他身后千百年来在世界各地都发生过的一些事件就说明了无限的民主和直接的民主实际上正是对人权最有杀伤力的践踏，多少政客和暴君借民主之名煽动民众消灭自己的对手，实行恐怖政策，最后民主的空壳下是独裁和暴政。

苏格拉底没有著作，他的两位弟子色诺芬和柏拉图，都给他写过卷帙浩繁的记述，但两人叙述的非常不同。现在关于苏格拉底的思想的了解绝大多数是来自他的弟子柏拉图的《对话录》，《对话录》是以苏格拉底和别人的对话为内容展开的。

经典篇章

柏拉图的《对话录》之《会饮篇》节选

……这个时候，苏格拉底把脸转向厄律克西马库说，你瞧，刚才你要笑话我，看我的好戏，但现在已经看不着了。听了阿伽松极好的演讲，已经没有留下多少要我说的了。

厄律克西马库答道，我承认你对阿伽松的发言所作的预测是正确的，至于说你自己会感到诚惶诚恐，我看未必见得。

苏格拉底抗议说，我亲爱的先生，在听了如此气势磅礴、一泻千里的演讲以后，还有什么机会留给我或其他人？我们又能再说些什么呢？我承认，他的发言的各个部分都很精彩，特别到了快要结尾的时候，他的用词尤其美妙，使我们全都听得入了迷。我一边听，一边拿他的讲演与我自己以往最好的谈话相比，实在是相形见绌，恨不能赶紧找个机会溜出去。另外，他的发言也使我猛然想起那位修辞学大师高尔吉亚，就好像奥德修斯害怕墨杜莎的鬼魂会从冥府中复活一样，我担心，要是阿伽松在结尾时用他的发言作武器对我进行讨伐，再用高尔吉亚的雄辩作为戈耳工的头拿给我看，那一定会把我化成顽石，哑口无言。

所以我明白了，原先我同意参加你们这种对爱神的赞颂有多么愚蠢，更糟糕的是，我还声称对这个主题有专门的知识，而实际上我根本不知道该如何赞颂爱神。由于这种无知，我原来以为一开始就讲些事实，然后就选择最吸引人的要点加以列举，按最有利的方式加以排列。我安慰自己说，我的发言一定会取得成功，因为我知道这些事实。但是，对一名成功的赞颂者来说，最重要是关注真理，而现在看来正好相反，赞颂者所做的只不过是把所有力量和美德全部堆到被赞颂的对象身上，无论对这些东西有没有什么关联，这样一来，赞颂也就成了一堆似是而非的谎言。

所以我认为我们所做的不是在赞颂，而是在奉承爱神，由于这个原因，你们这些人想说什么就说什么，把爱说成是最可爱、最优秀的事物的原因。当然了，那些无知的人会为你们富丽堂皇的演讲所倾倒，而那些有知识的人不会轻易接受。好吧，我再重复一遍，整件事情都弄错了，由于无知，我才答应要跟着你们颂扬爱神。我要像欧里庇得斯笔下的希波吕特一样提出抗议，做出的许诺是我的嘴唇，不是我的灵魂。先生们，这就是说，我不想跟着你们赞颂爱神了，即使要我说，我也不知道该怎样说。但若你们有兴趣，我并不在意把爱的真理告诉你们。如果你们要听，那么唯一的条件是允许我使用自己的方式，因为我不想使自己落下笑柄，像我这样年纪本来就应该坐在末位，如果竟然还要去模仿富丽堂皇的方式讲话，那实在太可笑了。斐德罗，该你说话了。一个人的发言只注意事情正确与否，不在意讲话方式，这样的人对你还有什么用处吗？

这时候，斐德罗和其他人要苏格拉底继续说下去，不管说什么都行，只要他喜欢。

苏格拉底说，这样很好，不过还有一件事要说清楚。我想问阿伽松几个简单的问题，主席先生对此会反对吗？在开始发言之前，我想明确我们之间的目的并不冲突。

斐德罗说，你问吧，我不在乎。

接着苏格拉底就开始发言。如果阿里斯托得姆的记忆没错，他是这样说的：

我亲爱的阿伽松，我必须说你的演讲开始时讲的那几点对极了。你正确地说，你首先要做的就是揭示爱神的本质，其次告诉我们他做了些什么事。没错，你的讲解令人钦佩。在听了你对爱神富丽堂皇的描述以后，只有一点我还不太清楚。请你告诉我，爱是对某人的爱，还是没有任何对象的，这算不算爱神的性质？我的意思不是问，爱是母亲的爱还是父亲的爱？这样问当然是愚蠢的，我的意思是，某个人作为一位父亲来说，他必须是某人的父亲，或者说他可以不是任何人的父亲。当然了，对这个问题唯一合理的回答是，作为一位父亲，他必须是儿子或女儿的父亲，我说得对吗？

阿伽松说，对。

关于母亲我们也可以说同样的话吗？

可以。

很好。现在你要是不介意，那我再问一两个问题，这样你就能明白我为什么要这样问了。假定我现在还要提到兄弟，某个人作为兄弟，他必须是某人的兄弟，还是可以不是任何人的兄弟？

他当然必须是某人的兄弟。

你的意思是他必须是某位兄弟或姐妹的兄弟。

阿伽松说，一点没错。

苏格拉底继续说道，好吧，我要你从同样的观点出发来看待爱神。他是对某事物的爱，还是不针对任何事物的爱？

他当然是对某事物的爱。

苏格拉底说，那么请你记住，所谓爱就是对某事物的爱。再请回答，爱神对他爱的对象有欲求，还是没有欲求？

当然是有欲求。

不管他渴望得到的对象是什么，他在得到它时爱它，还是在没有得到它时爱它？

大概是在还没有得到它时。

苏格拉底说，不是什么大概，而是肯定，一切事物渴求的东西都是它缺乏的东西，没有任何事物会去谋求它不缺乏的东西。对吗？阿伽松，我认为这是确定无疑的。你也这样看吗？

对，是这么回事。

那么好，现在请你告诉我，一个大人还想不想大，一个强人还想不想强？

如果我们刚才说的没错，那么他们不会？

是的，道理很简单，因为这些人在这些具体性质方面都不缺乏。

你说得对。

苏格拉底继续说，如果强者还想强，快者还想快，健康者还想健康——在这些方面我以为拥有这些性质的人仍旧还在渴望得到这些性质，我正在设想这样一种具体情况来明确我们的讨论在正确地前进——阿伽松，处于特定地位上的人必须拥有诸如此类的性质，在这种时候他们还想不想要这些性质，除非你停止思考这个问题。他们为什么要自找麻烦，在拥有这些性质时仍旧想要获得这些性质呢？如果我们听到有人说，我是健康的，我还想要健康，我是富裕的，我还想要富裕，我实际上想要我已经得到的东西，那么我想我们可以公正地回答说，亲爱的先生们，你已经得到了财富、健康和力量，你想要的是继续拥有它们，因为此刻不管你想不想要，你都已经得到了它们。当你说自己现在在这里就想要这些东西，你的意思实际上是你现在已经得到了，想要继续保持它们，不是吗？我亲爱的阿伽松，你怎么看？那个人必须同意我的说法吗？

阿伽松说，他当然会同意。

苏格拉底继续说，那么，想要把某些东西弄到手可以说成是爱某些还没有到手的东西。

当然可以。

因此，无论谁感到需要某些还没有到手的东西，那么他的爱或他的欲望的对象就是他还没有弄到手的东西，也就是说，是他缺乏的东西。

绝对如此。

苏格拉底说，我们现在不是已经同意下列结论了吗？第一，爱总是对某事物的爱；第二，某人所爱的对象是他所缺乏的。

阿伽松说，我同意。

苏格拉底说，到目前为止，一切顺利。现在你还记得在你刚才的讲演中，你说爱的对象是什么吗？我也许要提醒你一下。你大体上是这样说的，诸神的行为受美丽的爱神支配，当然了，爱神不可能是丑陋的。你是这样说的吗？

阿伽松说，是的。

苏格拉底说，你的说法无疑是对的。如果承认这一点，那么我们可以由此推论，爱是对美丽的爱，不是对丑陋的爱，对吗？

对。

我们不是也同意爱就是爱某些还没有得到的东西、缺乏的东西吗？

是的。

那么爱没有美，而是缺乏美，对吗？

对，这是可以推论得出的。

那么好，你会认为缺乏美、不拥有美的部分的东西本身会是美的吗？

肯定不是。

既然如此，你还能坚持爱是美丽的吗？

对此阿伽松只好回答说，我亲爱的苏格拉底，我开始害怕了，我不知道自己刚才在说些什么。

苏格拉底说，别介意，你的演讲好得很，只是有点小毛病，除了刚才说的还有另外一点。你认为善也是美，对吗？

对。

那么，如果爱缺乏美的东西，而善和美是一回事，那么爱也缺乏善。

他回答说，你说的没错，苏格拉底。我怕了你了，你的问题确实很难回答。

第三章

柏拉图的客观唯心主义

背景链接

柏拉图，古希腊伟大的哲学家，也是全部西方哲学乃至整个西方文化最伟大的哲学家和思想家之一。他生于一个较为富裕的贵族家庭，宣称是古雅典国王的后代，他也是当时雅典知名的政治家柯里西亚斯的侄子。原名为亚里斯多克勒斯，后来因为他强壮的身躯而被称为柏拉图。由于柏拉图出色的学习能力和其他才华，古希腊人还称赞他为阿波罗之子。

公元前 399 年，苏格拉底受审并被判死刑，柏拉图对现存的政体完全失望，于是开始遍游意大利、西西里岛、埃及等地以寻求知识。在 40 岁时(约公元前 387 年) 他结束旅行返回雅典，并在雅典城外西北郊的圣城阿卡德米创立了自己的学校——阿卡德米学园，学院成为西方文明最早的有完整组织的高等学府之一，后世的高等学术机构也因此而得名，也是中世纪时在西方发展起来的大学的前身。据说，柏拉图在学园门口立了块碑："不懂几何者不准入内"。学院培养出了许多知识分子，其中最杰出的是亚里士多德。

思想综述

柏拉图是西方客观唯心主义的创始人，其哲学体系博大精深。柏拉图的哲学将世界切割为两个不同的区块："形式的"智慧世界和我们所感觉到的世界。我们所感觉到的世界是从有智慧的形式或理想里所复制的，但这些复制版本并不完美。那些真正的形式是完美的而且无法改变的，而且只有使用智力加以理解才能实现之，这也表示了人的智力并不包含知觉能力或想象力。在《理想国》的第一卷、第二卷和第七卷里，柏拉图举出了几个隐喻来解释他的哲学观点：太阳的隐喻、穴囚犯寓言及更直接的"线寓"。这些隐喻故事加起来便架构了一个复杂而艰深的理论：称为"至善的形式"或"至善的理想"（这也经常被解读为柏拉图心中的上帝），这种形式便是知识的终极目标，同时也是这种形式塑造了各种其他的形式（例如哲学的概念、抽象以及属性），所有形式也都是"源自"于这种至善的形式。至善的形式塑造其他形式的方式就如同太阳照亮或发亮其他物体一般，使得我们能够在知觉的世界看到这些东西。柏拉图认为，自然界中有形的东西是流动的，但是构成这些有形物质的"形式"或"理念"却是永恒不变的。柏拉图指出，当我们说到"马"时，我们没有指任何一匹马，而是称任何一种马。而"马"的含义本身独立于各种马（"有形的"），它不存在于空间和时间中，因此是永恒的。

在太阳的隐喻里，柏拉图描述太阳为"启蒙"的来源。依据柏拉图的说法，人类的眼睛与其他器官不同，因为它必须要照明的媒介才能看清楚东西。而最强大的照明媒介便是太阳，有了太阳我们才能清楚的分辨一般事物。同样的对比也可以套用在智慧的事物上，如果我们试着探索那些围绕我们身边的事物的本质以及分类他们的方式，除非我们具有理性的"形式"，否则我们便会彻底失败而一无所知。

柏拉图并以一个著名的洞穴比喻来解释他的哲学理论：有一群囚犯在一个洞穴中，他们手脚都被捆绑，身体也无法转身，只能背对着洞口。他们面前有一堵白墙，他们身后燃烧着一堆火。在那面白墙上他们看到了自己以及身后到火堆之间事物的影子，由于他们看不到任何其他东西，这群囚犯会以为影子就是真实的东西。最后，一个人挣脱了枷锁，并且摸索出了洞口。他第一次看到了真实的事物。他返回洞穴并试图向其他人解释，那些影子其实只是虚幻的事物，并向他们指明光明的道路。但是对于那些囚犯来说，那个人似乎比他逃出去之前更加愚蠢，并向他宣称，除了墙上的影子之外，世界上没有其他东西了。柏拉图利用这个故事来告诉我们，"形式"其实就是那阳光照耀下的实物，而我们的感官世界所能感受到的不过是那白墙上的影子而已。我们的大自然比起鲜明的理性世界来说，是黑暗而单调的。不懂哲学的人能看到的只是那些影子，而哲学家则在真理的阳光下看到外部事物。

而在柏拉图提出的线寓里，我们则可以想象宇宙中的所有东西都代表了一连串渐增的"现实"；这个现实曾经过一次不平均的分裂，分裂后的子部分又依据与第一次相同的比例再进行了一次分裂（第二次分裂的比例是相同的）。第一次的分裂代表了智慧和感觉世界间的分割，而接下来的分裂则又代表了这些世界里的进一步区隔：代表感觉世界的部分被切割为代表"真实事物"的部分以及代表"反射的阴影"的部分，同样的，代表智慧世界的部分也被切割为代表整体形式的部分以及代表"反射"的部分。

在柏拉图的唯心主义理念论中，也包含有一些辩证法的因素。他出色地运用了苏格拉底的辩证方法，通过揭露矛盾而引出结论。他把理念和具体事物、高级理念和低级理念的关系都看成是一般和特殊的关系。最主要的是他提出了所谓"通神论"。在他看来，相反的性质可以在一个具体事物中相互结合，相反的理念也能相互结合。他提出了三对最普遍的理念（种）："存在"与"非存在"，"动"与"静"，"同"与"异"。它们是相互区别的，又是相互结合的。这就驳斥了爱利亚学派只有存在，没有非存在的观点。

在教育方面，柏拉图认为人的一切知识都是由天赋而来，它以潜在的方式存在于人的灵魂之中。因此，认识不是对世界物质的感受，而是对理念世界的回忆。教学目的是为了恢复人的固有知识。教学过程即是"回忆"理念的过程。在教学中，柏拉图重视对普遍、一般的认识，特别重视学生思维能力的培养，认为概念、真理是纯思维的产物。同时他又认为学生是通过理念世界在现象世界的影子中才得以回忆起理念世界的，承认感觉在认识中的刺激作用。

柏拉图的哲学和社会学思想反映在教育上，就是教育应为国家培养哲学家和军人。他从斯巴达和雅典丰富的教育实践中汲取有益的东西，形成了他的教育理论体系。在教育的组织管理上，他主张国家控制教育，采取公养公育的方法培养人才。在论学前教育时，他认为儿童在3岁以前，由女仆专职负责饮食起居；教育则由国家最优秀的公民来监督实施。3～6岁的儿童要集中到神庙的儿童游戏场上，由国家选派公民监督教育，饮食起居由女奴负责。教育内容主要是讲故事、做游戏、学音乐等。柏拉图对幼儿教育很重视，认为讲给幼儿的故事要经过挑选，剔除不健康的；应选择那些能激发幼儿勇敢、正义和高尚品德的故事。在组织游戏时，方式和内容要有精心的安排，不要经常变化，否则会影响其成人对国家和法律的忠诚。柏拉图还提出了强迫儿童受教育的主张，儿童6岁开始入男女分校学习，接受同样的教育，并且根据各人的兴趣、爱好分别进入国家办的文法学校、弦琴学校和体操学校学习。这些学校的学习内容很丰富：阅读、书写、计算、唱歌、音乐、体操、骑马、射箭等。这一阶段的教育目的是培养情感和道德，发展儿童灵魂中的低级部分，形成节制的品德。16岁毕业后，大多数人，尤其是手工业者、农民的子弟要进入社会做一个顺从的劳动者。而奴隶主子弟在17～20岁期间要接受较高一级的教育，培养他们的意志和勇敢，使之成为保卫国家的军人。体育训练是主要的学习内容，其次还要学习军人所必须掌握的知识，例如，算术、几何、天文、音乐，这是柏拉图的首创，被称之为"后四艺"。这一阶段的学习结束后，大多数奴隶主子弟结束学习，担负起保卫国家的职责，成为军人。只有极少数的人可进入更高一级的学校受教育。国家对极少数具有金质潜能的奴隶主子弟施以高深的教育，从20岁至30岁这十年内以研究哲学（即辩证法）为主，兼学"后四艺"。但这个时期学习后四艺的目的与军人的学习目的不同：军人的学习是为了应用，而现在的学习则是为了锻炼思维，为了使思想接近世界最高的理念——神。辩证法是所有内容中的统率学科。柏拉图认为，只有精通辩证法，才能学好其他学科，并非人人都可以研究辩证法，而是只有成年人中那些具有抽象思维能力的人才能研究。这个阶段的教育结束后，学生可以担任国家的高级官吏。其中的极少量的天资聪慧的、造诣较深的人可继续受教育，用20年的时间来研究辩证法，培养学生用理智去衡量各种事物。这是最后阶段的教育，学生50岁毕业后可担任国家的最高统治者，同时也成为哲学王。到此为止，柏拉图的培养"哲学王"的教育目标就完成了。

在政治思想上，柏拉图是古代希腊奴隶主贵族派的主要理论代表。他的国家观和他的正义思想是紧密联系的。所谓正义，柏拉图认为就是当初建立国家时所依据的原则。它包括下列内容：（1）分工论。认为人们由于生活需要，只有分工互助，才能过好共同生活，这是建立国家的主要原因。（2）等级论。认为由于人们的本性分为理智、意志和情欲三类，在社会生活中相应地形成了与之相应的统治者、保卫者和生产者等级。并认为这三个等级分别是由金质、银质、铁质构成的，每个等级的天然属性是不能改变的。（3）理想国家。即正义国家。在这种国家中，各个等级各有专司，互不干扰，通力合作，理想的正义秩序便实现了。（4）正义论的实质是通过等级秩序的确立，以实现少数奴隶主贵族对下层自由民以及奴隶的统治。哲学家执政是柏拉图挽救城邦危机的根本措施，是正义国家实现的关键，也是他的政治思想的重要组成部分。哲学家执政的根据：（1）人的品德是政治的基础，保持公民完善的品德，矫正人们品德的堕落，有赖于具有完善品德的哲学家。（2）知识是美德的基础。它是对"理念"的认识与回忆，而非源于物质世界。只有哲学家才能掌握这种知识，回忆这种知识。（3）治国需要知识、美德和权力的结合。（4）哲学家的培养是一个长期的教育、训练过程。柏拉图的哲学家执政思想，其实质是要恢复奴隶主贵族政体，以挽救城邦的危机。柏拉图的《法律篇》在一定程度上对《理想国》进行修改。《理想国》重视人治，轻视法治，《法律篇》突出法治的重要性。认为若要挽救国家，必须使法律高于统治者。但柏拉图仍把一个由哲学家执政即哲学王的统治看作头等的理想国，而法治国家则只是"第二等好的国家"。柏拉图把哲学家当国王的政体视为唯一正确的、正义的政体，并以此为标准，认为凡是违背这一形式的则为非正义政体。柏拉图把执政者的心灵和品质作为区分政体的标准。认为贤人政体是正义的政体，因为统治者的心灵和品质合于智慧与美德。而作为非正义政体的荣誉政体、寡头政体、平民政体、僭主政体的统治者，他们的心灵和品质均有悖于智慧和美德。

在美学观与文艺观上，"理念论"是其美学思想的核心。"美即理念"的基本观点渗透于他的美学观与文艺观的各个方面。不论是他的模仿说、回忆说、灵感论、效用说，还是他的修辞学都被"理念论"统帅，以其为理论基础。柏拉图第一次在美学史上提出了"美本身"这个概念，并将"美本身"与美的事物及美的特质区别开来。他在其早年著名的美学专论《大希庇阿斯篇》中借苏格拉底与辩士希庇阿斯的对话，从各个不同的角度探讨了这样一个问题："凡是美的那些东西真正是美，是否有一个美本身存在，才叫那些东西美呢？"他认为，应把"美本身"与具体的美的事物区别开来。例如，应将"美本身"与美的小姐、美的汤罐、美的母马和美的竖琴等区别。同时，他还认为应将"美本身"与美的具体特质相区别。例如，应将"美本身"与"有用""快感"等区别。这种关于美本身和美的事物的区别的理论也体现了个别与一般，现象与本质相联系的辩证思想。说明柏氏已认识到个别不仅是个别而且其中还包含着一般，现象也不仅是现象，其中也包含着本质。这是对美的认识的深化。这种辩证的思想还表现在柏氏不是静止地看待对美的认识，而是将其看作一个过程。除此之外，柏拉图还在美学史上第一次比较集中地论述了美与善的关系。在《理想国》中明确地提出了著名的"效用说"。他对文艺提出了"不仅能引起快感，而且对国家和人生都有效用"这样的美学要求。而在快感与效用的关系上，他又主张以快感服从效用，要求被有害文艺的快感所吸引的人应从其"效用"出发，"像情人发现爱人有害一样，就要忍痛和他脱离关系了"。这其实就是主张美与善的统一，善为美的基础。

柏拉图是文艺史上对文艺和文艺家谴责最厉害的一个人。他曾将文艺骂成"说谎""逢迎人性中的低劣部分"，并提出了驱逐文艺家的主张。不仅如此，柏拉图著名的"模仿说"也必将导致对文艺的否定。因其认为存在着三个世界：理念世界、现实世界和艺术世界。现实世界是对理念世界的模仿，而艺术世界则是对现实世界的模仿。因而，在他看来，文艺是"摹本的摹本""影子的影子""和真理隔着三层"。但柏拉图的文艺思想是极其复杂而丰富的，其中既包含着对文艺的谴责和否定，也包含着对艺术特性的深刻论述。他在《理想国》中认为，文艺教育的特点是"有最强烈的力量浸入心灵的最深处，如果教育的方式适合，它们就拿美来浸润心灵"。他把文艺的这种"浸润心灵"的作用称作是"诗的魔力"。柏拉图还把诗人分成两种：一种是与哲学家相等的爱美者或诗神的顶礼者，一种是模仿的艺术家。他肯定前者否定后者，而认为两者之间的差别就在于前者靠灵感而后者靠模仿。他认为所谓"灵感"就是一种由于神灵凭附而丧失理性的迷狂。柏拉图断言："若是没有这种诗神的迷狂，无论谁去敲诗歌的门，他和他的作品都永远站在诗歌的门外"。当然，柏拉图的这段论述中有否定必然性、合目的性和后天学习的唯心主义和非理性主义的倾向，但却充分说明了他已初步认识到文艺创作同其他思维活动相比，偶然性、无目的性和先天性占有更大比重的特点。这不能不说是一个贡献。因为，文艺创作尽管包含必然性的和理性的规律，但这种必然性和理性的合目的性却不像在科学技术与理论中那么明显，而是一种寓必然于偶然、寓目的于无目的，是一种必然与偶然、合目的与无目的的直接统一。同时，文艺创作尽管同其他技艺一样也要依靠后天的学习掌握，但同其他技艺相比，其先天禀赋的因素显得更为重要。从美学史上看，关于文艺的本质有两种对立的理论。一种是"再现说"，主张文艺是对客观现实的反映，强调认识作用；另一种是"表现说"，主张文艺表现主观的感情，强调情感作用。而这两种理论的根源都在柏拉图。他既在"再现说"方面提出了"模仿说"，又在"表现说"方面提出了"灵感论"。这就更充分地说明了柏拉图美学思想在整个欧洲美学史上的重要地位。它不愧是欧洲美学思想的重要源头之一。

经典篇章

柏拉图的《理想国》节选

……

苏：克法洛斯，您说得妙极了。不过讲到"正义"嘛，究竟正义是什么呢？难道仅仅有话实说，有债照还就算正义吗？这样做会不会有时是正义的，而有时却不是正义的呢？打个比方吧！譬如说，你有个朋友在头脑清楚的时候，曾经把武器交给你；假如后来他疯了，再跟你要回去；任何人都会说不能还他。如果还给了他，那倒是不正义的。把整个真情实况告诉疯子也是不正义的。

克：你说得对。

苏：这么看来，有话实说，拿了人家东西照还这不是正义的定义。

玻勒马霍斯插话说：这就是正义的定义，如果我们相信西蒙尼德的说法的话。

克：好！好！我把这个话题交给他和你了。因为这会儿该我去献祭上供了。

苏：那么，玻勒马霍斯就是您的接班人了，是不是？

克：当然，当然！（说着就带笑地去祭祀了。）

苏：那就接着往下谈吧，辩论的接班人先生，西蒙尼德所说的正义，其定义究竟是什么？

玻：他说"欠债还债就是正义"。我觉得他说得很对。

苏：不错，像西蒙尼德这样大智大慧的人物，可不是随随便便能怀疑的。不过，他说的到底是什么意思，也许你懂得，我可闹不明白。他的意思显然不是我们刚才所说的那个意思——原主头脑不正常，还要把代管的不论什么东西归还给他，尽管代管的东西的确是一种欠债。对吗？

玻：是的。

苏：当原主头脑不正常的时候，无论如何不该还给他，是不是？

玻：真的，不该还他。

苏：这样看来，西蒙尼德所说的"正义是欠债还债"这句话，是别有所指的。

玻：无疑是别有所指的。他认为朋友之间应该与人为善，不应该与人为恶。

苏：我明白了。如果双方是朋友，又，如果把钱归还原主，对收方或还方是有害的，这就不算是还债了。你看，这是不是符合西蒙尼德的意思？

玻：的确是的。

苏：那么，我们欠敌人的要不要归还呢？

玻：应当要还。不过我想对敌人所欠的无非是恶，因为这才是恰如其分的。

苏：西蒙尼德跟别的诗人一样，对于什么是正义说得含糊不清。他实在的意思是说，正义就是给每个人以恰如其分的报答，这就是他所谓的"还债"。

玻：那么，你以为如何？

苏：天哪！要是我们问他："西蒙尼德，什么是医术所给的恰如其分的报答呢？给什么人？给的什么东西？"你看他会怎生回答？

玻：他当然回答：医术把药品、食物、饮料给予人的身体。

苏：什么是烹调术所给的恰如其分的报答？给予什么人？给的什么东西？

玻：把美味给予食物。

苏：那么，什么是正义所给的恰如其分的报答呢？给予什么人？

玻：苏格拉底，假如我们说话要前后一致，那么，正义就是"把善给予友人，把恶给予敌人。"

苏：这是他的意思吗？

玻：我想是的。

苏：在有人生病的时候，谁最能把善给予朋友，把恶给予敌人？

玻：医生。

苏：当航海遇到了风急浪险的时候呢？

玻：舵手。

苏：那么，正义的人在什么行动中，在什么目的之下，最能利友而害敌呢？

玻：在战争中联友而攻敌的时候。

苏：很好！不过，玻勒马霍斯老兄啊！当人们不害病的时候，医生是毫无用处的。

玻：真的。

苏：当人们不航海的时候，舵手是无用的。

玻：是的。

苏：那么，不打仗的时候，正义的人岂不也是毫无用处？

玻：我想不是。

苏：照你看，正义在平时也有用处吗？

玻：是的。

苏：种田也是有用的，是不是？

玻：是的。

苏：为的是收获庄稼。

玻：是的。

苏：做鞋术也是有用的。

玻：是的。

苏：为的是做成鞋子——你准会这么说。

玻：当然。

苏：好！那么你说说看，正义平时在满足什么需要，获得什么好处上是有用的？

玻：在订合同立契约这些事情上，苏格拉底。

苏：所谓的订合同立契约，你指的是合伙关系，还是指别的事？

玻：当然是合伙关系。

苏：下棋的时候，一个好而有用的伙伴，是正义者还是下棋能手呢？

玻：下棋能手。

苏：在砌砖盖瓦的事情上，正义的人当伙伴，是不是比瓦匠当伙伴更好，更有用呢？

玻：当然不是。

苏：奏乐的时候，琴师比正义者是较好的伙伴。那么请问，在哪种合伙关系上正义者比琴师是较好的伙伴？

玻：我想，是在金钱的关系上。

苏：玻勒马霍斯，恐怕要把怎么花钱的事情除外。比方说，在马匹交易上，我想马贩子是较好的伙伴，是不是？

玻：看来是这样。

苏：至于在船舶的买卖上，造船匠或者舵手岂不是更好的伙伴吗？

玻：恐怕是的。

苏：那么什么时候合伙用钱，正义的人才是一个较好的伙伴呢？

玻：当你要妥善地保管钱的时候。

苏：这意思就是说，当你不用钱，而要储存钱的时候吗？

玻：是的。

苏：这岂不是说，当金钱没用的时候，才是正义有用的时候吗？

玻：好像是这么回事。

苏：当你保管修枝刀的时候，正义于公于私都是有用的；但是当你用刀来整枝的时候，花匠的技术就更有用了。

玻：看来是这样。

苏：你也会说，当你保管盾和琴的时候，正义是有用的，但是利用它们的时候，军人和琴师的技术就更有用了。

玻：当然。

苏：这么说，所有的事物统统都是这样的吗？——它们有用，正义就无用，它们无用，正义就有用了？

玻：好像是这样的。

苏：老兄啊！如果正义仅仅对于无用的东西才是有用的，那么正义也没有什么了不起了。还是让我们换个路子来讨论这个问题吧！打架的时候，无论是动拳头，还是使家伙，是不是最善于攻击的人也最善于防守？

玻：当然。

苏：是不是善于预防或避免疾病的人，也就是善于造成疾病的人？

玻：我想是这样的。

苏：是不是一个善于防守阵地的人，也就是善于偷袭敌人的人——不敌人计划和布置得多么巧妙？

玻：当然。

苏：是不是一样东西的好看守，也就是这样东西的高明的小偷？

玻：看来好像是的。

苏：那么，一个正义的人，既善于管钱，也就善于偷钱啰？

玻：按理说，是这么回事。

苏：那么正义的人，到头来竟是一个小偷！这个道理你恐怕是从荷马那儿学来的。因为荷马很欣赏奥德修斯的外公奥托吕科斯，说他在偷吃扒拿和背信弃义、过河拆桥方面，简直是盖世无双的。所以，照你跟荷马和西蒙尼德的意思，正义似乎是偷窃一类的东西。不过这种偷窃确是为了以善报友，以恶报敌才干的，你说的不是这个意思吗？

玻：老天爷啊！不是。我弄得晕头转向了，简直不晓得我刚才说的是什么了。不管怎么说罢，我终归认为帮助朋友，伤害敌人是正义的。

苏：你所谓的朋友是指那些看上去好的人呢，还是指那些实际上真正好的人呢？你所谓的敌人是指那些看上去坏的人呢，还是指那些看上去不坏，其实是真的坏人呢？

玻：那还用说吗？一个人总是爱他认为好的人，而恨那些他认为坏的人。

苏：那么，一般人不会弄错，把坏人当成好人，又把好人当成坏人吗？

玻：是会有这种事的。

苏：那岂不要把好人当成敌人，拿坏人当成朋友了吗？

玻：无疑会的。

苏：这么一来，帮助坏人，为害好人，岂不是正义了？

玻：好像是的了。

苏：可是好人是正义的，是不干不正义事的呀。

玻：是的。

苏：依你这么说，伤害不做不正义事的人倒是正义的了？

玻：不！不！苏格拉底，这个说法不可能对头。

苏：那么伤害不正义的人，帮助正义的人，能不能算正义。

玻：这个说法似乎比刚才的说法来得好。

苏：玻勒马霍斯，对于那些不识好歹的人来说，伤害他们的朋友，帮助他们的敌人反而是正义的——因为他们的若干朋友是坏人，若干敌人是好人。所以，我们得到的结论就刚好跟西蒙尼德的意思相反了。

玻：真的！结果就变成这样了。这是让我们来重新讨论吧。

第四章

亚里士多德的学术理论

背景链接

　　亚里士多德是世界古代史上最伟大的哲学家、科学家和教育家之一，是柏拉图的学生，亚历山大的老师。亚里士多德于公元前 384 年出生于色雷斯的斯塔基拉，父亲是马其顿王的御医。公元前 366 年入雅典的柏拉图学院学习，此后 20 年间亚里士多德一直住在学园，直至老师柏拉图去世后离开雅典。离开学园后，先是访问小亚细亚。公元前 344 年，和家人一起到了米提利尼。3 年后，亚里士多德又被马其顿的国王菲利浦二世召唤回故乡，成为当时年仅 13 岁的亚历山大大帝的老师。公元前 335 年，菲利浦二世去世，亚里士多德又回到雅典，并在那里建立了自己的学校。在此期间，亚里士多德一边讲课，一边撰写了多部哲学著作。亚历山大死后，雅典人开始奋起反对马其顿的统治。由于和亚历山大的关系，亚里士多德不得不因为被指控不敬神而逃到加而西斯避难。一年之后，公元前 322 年，亚里士多德去世。

　　亚里士多德一生勤奋治学，从事的学术研究涉及到逻辑学、修辞学、物理学、生物学、教育学、心理学、政治学、经济学、美学等，写下了大量的著作，他的著作是古代的百科全书。他的思想对人类产生了深远的影响。他创立了形式逻辑学，丰富和发展了哲学的各个分支学科，对科学作出了巨大的贡献。

思想综述

　　亚里士多德是个伟大的哲学家，他虽然是柏拉图的学生，但却抛弃了他的老师所持的唯心主义观点。亚里士多德认为知识起源于感觉。亚里士多德对因果性的看法比柏拉图的更为丰富，他指出，因主要有四种，第一种是质料因，即形成物体的主要物质；第二种是形式因，即主要物质被赋予的设计图案和形状；第三种是动力因，即为实现这类设计而提供的机构和作用；第四种是目的因，即设计物体所要达到的目的。举个例子来说，制陶者的陶土为陶器提供其质料因，而陶器的设计样式则是它的形式因，制陶者的轮子和双手是动力因，而陶器的用途是目的因。亚里士多德本人看中的是物体的形式因和目的因，他相信形式因蕴藏在一切自然物体和作用之内。开始这些形式因是潜伏着的，但是物体或者生物一旦有了发展，这些形式因就显露出来了。最后，物体或者生物达到完成阶段，其制成品就被用来实现原来设计的目的，即为目的因服务。他还认为，在具体事物中，没有无质料的形式，也没有无形式的质料，质料与形式的结合过程，就是潜能转化为现实的运动。这一理论表现出自发的辩证法的思想。

亚里士多德是希腊科学的一个转折点。在他以前，科学家和哲学家都力求提出一个完整世界体系。在他以后，许多科学家开始放弃提出完整体系的企图，转入研究具体问题。在天文学方面，亚里士多德认为运行的天体是物质的实体，地是球形的，是宇宙的中心；地球和天体由不同的物质组成，地球上的物质是由水气火土四种元素组成，天体由第五种元素"以太"构成。在物理学上，亚里士多德认为，组成地球的元素与组成天空和外太空的不同。他还认为动力主要是由组成物体的物质所拥有的特性和本质决定的。亚里士多德认为四种主要元素或者说是化合物组成了地球。他还认为天堂以及宇宙中的所有物质的例子都是又被无质量且永恒的第五种元素"以太"构成的。"以太"又被称作"精质"或者"第五物质"。亚里士多德认为，四种元素都会各自寻找与之同类的元素，并与其结合，而这种同类元素间的结合必须被阻止，正如同极的磁铁相互排斥，或者是云中产生降水。例如，因为烟主要是由"气"组成的，它会上升同天空中的气体结合。他还认为物体和物质只有在一定方向受力的情况下才会运动。在生物学上，他对五百多种不同的动植物进行了分类，至少对50多种动物进行了解剖研究，指出鲸鱼是胎生的，还考察了小鸡胚胎的发育过程。亚历山大大帝在远征途中经常给他捎回各种动植物标本。亚里士多德运用观察试验的方法和辩证思维的方法，大大推动了当时科学的进展。他集上古知识于一身，在他死后几百年中，没有一个人像他那样对知识有过系统考察和全面掌握，他的著作是古代的百科全书。所以恩格斯称他是"最博学的人"。

亚里士多德把科学分为三种：理论的科学（数学、自然科学和后来被称为形而上学的第一哲学）；实践的科学（伦理学、政治学、经济学、战略学和修饰学）；创造的科学，即诗学。他认为分析学或逻辑学是一切科学的工具。他是形式逻辑学的奠基人，他力图把思维形式和存在联系起来，并按照客观实际来阐明逻辑的范畴。

亚里士多德是形式逻辑的创始人。他认为，逻辑学的研究对象是语言，即逻各斯。但它所注意的只是语言的形式而不是语言的内容。词是构成语言的最基本的成分，每个词都是一判定。他对定义作了专门研究，提出了本质定义即属加种差定义、语词定义、原因定义等，并讨论了下定义时可能出现的错误，提出了现在逻辑教本中仍在使用的一些规则。把命题划分为简单命题和复合命题。命题的对当关系、换位等问题是亚里士多德逻辑中的重要理论。亚里士多德逻辑思想是大逻辑思想，因为它除了证明推理外，还有辩证推理、归纳、定义、辨谬等内容。辩证推理是亚里士多德逻辑思想中的重要内容。亚里士多德在《论题篇》中重点讨论了辩证推理，其目的是寻求一种探索的方法，通过它能从"普遍接受的前提"来进行推理，并且当自己提出论证时"不至说出自相矛盾的话"。亚里士多德区分了证明推理和辩证推理。归纳，也是亚里士多德逻辑思想中的一个内容。亚里士多德提出：归纳是从个别到一般的过程。例如，假如技术娴熟的舵工是最有能力的舵工，技术娴熟的战车驭手是最有能力的驭手，那么一般地说，技术娴熟的人就是在某一特定方面最有能力的人。

亚里士多德还在他的逻辑著作中讨论了定义、辨谬等问题。关于定义，亚里士多德主要阐述了"定义"的定义、种和属差、考察定义正确与否的方法、定义的反驳等问题。至于谬误，亚里士多德讨论了何为谬误以及如何消除谬误的问题。他提出谬误有与语言有关的谬误和与语言无关的谬误。与语言有关的谬误有：语义双关、歧义语词、合并、拆散、重音和表达形式方面的谬误。亚里士多德详尽讨论了消除各种形式的谬误的方法，在他的逻辑著作中涉及了预设理论、问题逻辑、语境与逻辑等现代逻辑关注的问题。

亚里士多德在《范畴篇》中提出："苏格拉底生病了"和"苏格拉底健康良好"是相反命题，但我们在这里，仍然无法确定两者之中必有一方真实，另一方必然虚假。因为如若苏格拉底确有其人，那么便有一方是真实的，另一方是虚假的，但如若苏格拉底是个乌有先生的话，那么，这两个命题便都是虚假的。假如苏格拉底确有其人，必然不是"他生病了"真实，就是"他没有生病"真实；必然不是"他生病了"虚假，就是"他没有生病"虚假。对两个相反命题"苏格拉底生病"和"苏格拉底没有生病"，亚里士多德认为，首先要确定其主项"苏格拉底"是否存在。如果苏格拉底存在，那么相反命题中便有一方是真实的，另一方是虚假的；如果苏格拉底不存在，则两个命题都是虚假的。用现代预设理论来解释，考察上述两个相反命题中的主项"苏格拉底"是否存在，也就是考察这两个命题的预设"有苏格拉底"是否为真。当预设假时，则两命题必假；当预设真时，两相反命题为一真一假。亚里士多德没有运用"预设"这一术语，但他的分析与现代预设理论是一脉相承的。

亚里士多德是西方最早创立独立的政治学体系的思想家，是古希腊奴隶主中产阶级利益的思想代表。他对城邦国家的产生、本质和目的做了系统的论述。亚里士多德认为国家的产生基于人的本性，因为人是天生的政治动物，人有天然要过道德生活的愿望。国家自然赋予人的本性是过国家生活，但是任何事物的本性都有一个发展过程，只有当它发展到最高阶段时，才充分显露出它的本性，社会也是如此。亚里士多德指出：国家在产生过程中经历了家庭、村落而最终形成了高级完备的社团，它是人的本性的最充分体现。个人只有作为城邦的组成部分，才能满足其自给自足的生活。亚里士多德认为，人的社会生活包括许多内容，城邦的存在不只是为了便于交换，防止互相损害等等。城邦的目的在于实现道德的良善，即以城邦协调各人的功能，导致人类的优良生活。个人和城邦的主要和最终目的都是谋取优良的生活。这是城邦区别于其他社会团体的本质所在。亚里士多德认为政体就是城邦的最高政权组织，是城邦一切组织的依据。政体又关涉到全邦人民的生活方式，是公民的生活规范。所以政体是城邦的决定因素，它决定城邦性质。划分政体的标准第一是宗旨，看政体是照顾全邦人民的共同利益，还是只照顾一个人、少数人或平民群众的私利。前者为正宗政体，后者为变态政体。第二是人数，看最高治权的执行者是一个人、少数人或多数人，这样共划出二类六种政体。即正宗政体三种，有君主政体、贵族政体和共和政体。又有变态政体三种，它们是僭主制、寡头制和平民政体。亚里士多德还指出，一切政体都包含有三个要素，即议事部分、行政部分和审判（司法）部分。各个要素的组织如不同，也会导致政体的不同。只有当三个要素都有良好的组织时，相应的政体才是良好的。亚里士多德还对政体的变革做了分析。他认为变革有两种：一是以较好的新法代替旧法。他认为，成文法不应一成不变，但变革要慎重，如轻率的变革必然消灭民众守法的习性。二是政体的变革，即由于治理不当引起政体的变革，由内讧诉之武力，演化为革命，革命使现行政体变革或是政权由另一个党派控制。

亚里士多德认为法治优于人治。法治的特点是不凭感情因素治事。即使统治者才德卓绝，一切政务还得以整部法律为依归。只有在法律所不能包括或不够周详的问题上，才让个人运用其理智。法治有两重意义：一是制定良好的法律。法律应根据政体来制定；二是普遍的守法。认为为政的重要规律之一，就是订立法律后，使执政者和下属官员不能假借公职谋求私利，又使各部分成员各得其所，都受到法律的保护。他还主张公民轮番为政。认为公民具有平等的地位，所以不能使某些人终身作统治者从事治理工作，而是应该由大家参与政治。当然公民不能同时作统治者，他们必须按照规定的时期或其他轮流的程序交替执政，安排好执政者轮流退休，使他们在退休之后和其他同等公民处于同等的地位。

在教育思想上，亚里士多德的体、德、智、美和谐发展的教育思想是建立在他的灵魂学说之上的。以其哲学观为基础，亚里士多德构建了他的灵魂论。他认为人有三种灵魂：理性灵魂、非理性灵魂和植物性灵魂。理性灵魂主要表现在思维、理解、判断等方面，是灵魂的理智部分，又称为理智灵魂，是最高级的灵魂。非理性灵魂主要表现在本能、情感、欲望等方面，是灵魂的动物部分，又称为动物灵魂。植物灵魂主要体现在有机体生长、营养、发育等生理方面，是灵魂的植物部分。动物灵魂是中级的，植物灵魂是最低级的。在教育上，亚里士多德根据他的灵魂论把教育划分为三个组成部分：体育、德育、智育。其中体育是基础、智育是最终的目的。

他认为，要使人的灵魂得到健康的完善的发展，必须施于人不同阶段十分恰当的教育和训练。亚里士多德认为，在儿童的教育中，"必须首先训练其身体"，在他看来，体育练习的目的在于使人健康有力和勇敢，进而养成体育竞技的习惯，从而能够参加各种体育竞技活动。亚里士多德指出，体育训练的重要目的是培养学生勇敢的品质，但绝不能像斯巴达人那样，使人变得"凶猛、残忍"。因此，他要求对于学生的体育训练一定要适度，否则会损害儿童的体格和妨碍他们的生长。亚里士多德还认为，为了把城邦治理好，必须注意公民的道德教育。在道德教育中，亚里士多德强调必须重视培养学生的习惯。因为，在他看来，理性和习惯是人们具有"善德"的根基。因此，他指出，"在教育儿童时，我们当然应该先把功夫用在他们的习惯方面。"道德教育的目的在于通过实际活动和反复练习，逐渐养成具有"中庸"，适度的"公正，节制和勇敢"的美好德行。智育方面，亚里士多德认为，阅读、书写，乃至绘画的目的都是为了将来的实际效用。音乐教育是亚里士多德的和谐发展教育思想的核心部分。在亚里士多德看来，音乐不仅是实施美育的最有效的手段，而且它还担负着智育的部分职能，并且又是实施道德教育不可缺少的内容。他认为，音乐是形成人的性格的一种重要的力量，它不但适宜于在少年时期学习，而且在各个年龄阶段都需要学习。与智育不同，亚里士多德认为，音乐教育的目的不是为了实际生活的需要，而是为了在闲暇时供理智的享受。

在文艺美学方面，亚里士多德不是在超感性的理念世界，而是在客观现实中寻找美。美的范围包括神和人、人的躯体、社会、实物、行为、自然。亚里士多德肯定了现实世界的真实性，因而也就肯定了模仿它的艺术的真实性，不仅肯定艺术的真实性，而且认为艺术比现象世界更为真实。亚里士多德认为美应符合两个条件：一是个部分排列要适当，要有一定的体积、大小、规模，因而美必须具有可观性和整体感。可观性指其使人易于观察，与人的视觉或听觉相吻合的东西。整体感是亚里士多德对美学的一大贡献。整体不只是指艺术是对一个完整行为的模仿，更重要的是指艺术作品内部各种成分的协调整合，以至于若是挪动或删减其中的任何一部分都会使整体松裂和脱节。区别了美与善，解脱了把美学判断与道德判断混淆起来的倾向。确认美与善不同，善永远居于实践中，美则是在不运动的东西中。他进而又区别了美和功利，认为对美的追求是为了自由而高尚的情操，而不是为了实用和理想主义的教育。因而亚里士多德将一般的技艺称为实用的艺术，而把美的艺术称为模仿的艺术，提出了美的特殊性问题。

亚里士多德认为，文艺模仿的特征是通过特殊的具体形象，表现普遍的本质规律。首先，诗与哲学相比，文艺模仿的首要特征在于必须塑造生动可感的具体形象，艺术必须通过个别形象的具体描述，而哲学却要借助一般观念的抽象论证。其次，诗与历史相比，文艺模仿的另一个特征在于必须揭示内在逻辑和普遍规律，而史家叙述已发生的史实。诗的任务不是去描述已经发生的那些偶然事件，而是要揭示按事物的内在规律和应当发生的事。

经典篇章

亚里士多德《工具论·前分析篇》节选

我们首先要说明我们研究的对象以及这种研究属于什么科学：它所研究的对象是证明，它归属于证明的科学。其次，我们要给"前提""词项"和"三段论"下定义，要说明什么样的三段论是完满的，什么样的三段论是不完满的。此后，我们将解释在什么意义上一个词项可以说是或不是被整个地包括在另一个词项之中，我们还要说明一个词项完全指称或不指称另一个词项指的是什么意思。

前提是对某一事物肯定或否定另一事物的一个陈述。它或者是全称的，或者是特称的，或者是不定的。所谓全称前提，我是指一个事物属于或不属于另一事物的全体的陈述；所谓特称前提，我是指一个事物属于另一个事物的有些部分、不属于有些部分或不属于另一个事物全体的陈述；所谓不定前提，我指的是一个事物属于或不属于另一个事物，但没有表明是特称还是全称的陈述。例如，"相反者为同一门学问所研究"或"快乐不是善"。

证明的前提与辩证的前提是不相同的。证明的前提是对两个相矛盾陈述中一方的论断（因为证明者的工作不是提问，而是作断定），辩证的前提则是对在两种相矛盾的陈述中应接受哪一种这一问题的回答。但这种差异对三段论并无影响。三段论既可以从证明的前提推出，也可以从辩证的前提推出。因为无论是证明者还是论辩者都是首先断定某一谓项属于或不属于某一主项，然后得出一个三段论的结论。因此，根据上面所说的内容，一个三段论的前提，简单说来，是某一谓项对某一主项的肯定或否定。如果它是真实的，是从原初的公设中得出的，那么它就是证明的。而辩证的前提，对论辩者来说，是对在两个相矛盾的前提中应接受哪一个这一问题的回答；对推论者来说，它则显得是真实的并被普遍接受的论断；这一些我们在《论题篇》中已经讨论过了。

什么是前提？三段论的、证明的及辩证的前提之间有什么差别？这些问题我们在以后还要详细解释，对于我们目前的讨论而言，现有的定义已经足够了。

所谓词项我是指一个前提分解后的成分，即谓项和主项，以及被加上或去掉的系词"是"或"不是"。

三段论是一种论证，其中只要确定某些论断，某些异于它们的事物便可以必然地从如此确定的论断中推出。所谓"如此确定的论断"，我的意思是指结论通过它们而得出的东西，就是说，不需要其他任何词项就可以得出必然的结论。如果一个三段论除了所说的东西以外不需要其他什么就可明确得出必然的结论，那么，我们就称这个三段论是完满的；如果一个三段论需要一个或多个尽管可以必然从已设定的词项中推出但却不包含在前提中的因素，那么，我们就称这个三段论是不完满的。

一个词项整个地包含在另一个词项中，与后一个词项可全部地表述前一个词项，这二者意义相同。我们说一个词项表述所有的另一个词项，那就是说，在后一个词项之外再也找不到可断定的东西。根据同样方式，我们说一个词项不表述任何词项。

任何前提的形式都是某一属性要么属于、要么必然属于、要么可能属于某一主项。在这三种前提中，每一种都有肯定和否定两类。在肯定和否定的前提中，有的是全称的，有的是特称的，有的是不定的。在全称陈述中，否定前提的词项是可以转换的。例如，如果一切快乐都不是善，那么一切善的东西就都不是快乐。肯定前提的词项虽然也必然是可以转换的，但却不能换成全称陈述而只能换成特称陈述。例如，如果一切快乐都是善，那么某些善必定也是快乐。在特称陈述中，肯定的前提必然也能换成特称陈述（因为如果某些快乐是善，则某些善也是快乐）。可是否定的前提却不必然可以转换，因为从"人不属于有些动物"中推不出"动物不属于有些人"。

首先，让我们以 A 和 B 为词项的全称否定前提为例。

如若 A 不属于任何 B，那么 B 也就不属于任何 A。如若 A 属于某种 B（譬如说 C），那么"A 不属于任何 B"就是不真实的，因为 C 属于 B。但是，如若 A 属于任何 B，那么，B 也就属于有些 A。因为如若 B 不属于任何 A，那么 A 也就不属于任何 B。但根据设定，A 属于一切 B，如若前提是特称的，情况也同样如此。因为如若 A 属于有些 B，那么 B 就必然属于有些 A。如若 A 不属于任何 B，那么 B 也不属于任何 A。但是，如若 A 不属于有些 B，却不必然可以推出 B 不属于有些 A。例如，设定 B 表示"动物"，A 表示"人"，那么，虽然人不属于每个动物，但动物却属于每个人。

如若前提是必然的，则换位的方式亦同样。全称否定判断可以换位成全称判断，而全称肯定判断却只能换位成特称判断。如若 A 必然不属于任何 B，则 B 也必然不属于任何 A；因为如若 B 可能属于有些 A，A 也可能属于有些 B。如若 A 必然属于一切或有些 B，B 也必然会属于有些 A；如果这不是必然的，A 也就不必然属于有些 B 了。特称否定判断是不能转换的，其原因与我们在上面所说的相同。

再谈可能的前提。"可能"一词有多种含义（因为我们把必然的、不必然的以及潜在的事物都称为可能）。在一切肯定前提中，转换的方式与以前相同。因为如若 A 可能属于一切或有些 B，B 也可能属于有些 A（如若 B 不属于任何 A，则 A 也不可能属于任何 B，这已经在上面证明过了）。但是，在否定陈述中，情况就不相同了。凡被认为是"可能"的例子，无论陈述必然是真的还是不必然是真的，其转换方式都与以前说过的情况相同。例，有人说，人可能不是一匹马，或白可能不属于任何外衣。在前面例子中，谓项必然不属于主项；在后面的例子中，谓项则不必然属于主项。这种前提的转换与其他否定前提相同。如若马可能不属于任何人，那么人也可能不属于任何马；如若白的可能不属于任何外衣，那么外衣也可能不属于任何白的。因为如若它必定属于有些白的，那么白的也必然属于有些衣服。这在上面已证明过了。特称否定前提的转换方式亦相同。但是，如果在那些由于是经常的或自然的才被认为是可能（我们就是按照这种方式来为"可能"下定义的）的前提中，那么否定前提的换位方式就与上述情况不相同了。全称否定前提不能换位，但特称否定前提却能换位。我们在讨论"可能"时会明白这一点。

除上述内容外，让我们断定下面这一点也同样清楚，即"A 是不属于任何 B"或"A 可能是不属于有些下这样的论述在形式上是肯定的。"可能是相当于"是"，而系词"是"可附加在作为谓项的任何词项上，它总是而且无例外地具有肯定的结果。例如，"是不善的""是不白的"或概而言之"是非调"，这一点也将在以后给予证明。这些前提的转换方式与其他肯定前提一样。

第五章

佛教教义

背景链接

佛教创始人名悉达多，姓乔达摩，出生于古印度的迦毗罗卫城（约在今印度、尼泊尔边境地区），大约生活在公元前 566 ~ 486 年。释迦牟尼是佛教徒对他的尊称，意思是"释迦族的贤人"。乔达摩出身于刹帝利种姓，是迦毗罗卫国净饭王太子。少年时代接受婆罗门教的传统教育，29 岁离家，到处寻师访友，探索人生解脱之道。

关于乔达摩出家的动机，佛教的传说不完全相同，有说是因为他看到了人体的丑恶，有说是因为他看到了生老病死的痛苦。从当时社会考察，可能与他经历了亡国灭族的惨祸有关。他不否认禅定的作用，但认为禅定不是目的。接着他尝试通过严格的苦行发现真理，寻求解脱。但 6 年后，身体消瘦，形同枯木，却依然没有发现什么真理。乔达摩认识到苦行并不能获得解脱，开始净身进食。他渡过尼连禅河，来到伽耶（今菩提伽耶），坐在毕钵罗树（后称菩提树）下，沉思默想。据说，经过 7 天 7 夜，终于悟出了"四谛"的真理。这标志他真正觉悟成道了，因而被称为"佛陀"，或简称"佛"，意思是"觉悟者"。这一年他 35 岁。此后他就一心转向传教活动，历时 45 年，直到死去。

思想综述

"四谛"是早期佛教各派共同承认的基础教义，形成可能较早，相传佛陀悟道的核心就是四谛，也是初转法轮的根本内容。"四谛"亦称"四圣谛"，意为"四条真理"，即苦、集、灭、道。四谛又分为两部分，苦、集二谛说明人生的本质及其形成的原因；灭、道二谛指明人生解脱的归宿和解脱之路。或者说，前者侧重于解释世间，后者侧重于创造出世间。

目前的佛教，有三个主要的派别，分别是小乘佛教（又称声闻乘、上座部佛教、南传佛教），大乘佛教（又称北传佛教，汉传佛教），以及密乘佛教（又称金刚乘，藏传佛教）。这三个大的派别之下，又分成众多的各种宗派。佛灭度后100年，因对待戒律的态度不同，佛教分裂成严格持戒的上座部与主张戒律可以变通的大众部。大众部分成九部，上座部分为十一部。大乘佛教认为自己的教法是广渡众生的大舟，而以往的其他所有佛教宗派只能满足于自我解脱，而所有上座部与大众部教派都被他们称为"小乘"。大乘佛教发展到后期，吸收了印度传统的婆罗门教的一些理论和方法，发展出密乘，也称金刚乘。向南方传播到斯里兰卡、东南亚以及中国云南等地以上座部佛教为主的地方，被称为"南传佛教"，其经典多为巴利语所写。主要由北方经丝绸之路向中亚、中国、朝鲜半岛以及日本等国传播的佛教流传称为北传佛教，形成北传佛教，其经典多为梵文、各种中亚文字和中文。北传佛教的大众部、大乘佛教和密教一部分经中亚（古西域）传播到汉地，共同组成"汉传佛教"。汉传佛教后来又传播到日本、韩国与越南等地。另外，经尼泊尔传到西藏的这一支，发展为"藏传佛教"，藏传佛教又受到当地的苯教与汉传佛教的相互影响。

小乘佛教用"阿毗昙"的形式，发挥或重新组织已经凝固的三藏体系，发表了不少新的观点。按玄奘传说，经部原出于说一切有部的譬喻师，它的创始人"根本经师"拘摩罗多也是譬喻师的著名开创者。譬喻师是用寓言故事解释佛经的法师。《成实论》在中国三论宗以前声望很高，后来被视作小乘空宗的代表作。全论按"四谛"的结构组织起来，鲜明地突出了以人生为"苦"的悲观厌世思想，及解脱方法上的禁欲主义倾向。它把人生诸苦和流转生死的最后根源归为"无明"，解脱的根本途径是用"真智"灭"无明"。所谓"无明"，它定义为"随逐假名"之心，即完全按名言概念支配自己全部行为的观念体系。假若能用"空心"（视名言概念为"空"的观念）灭除"假名心"，再用"灭空心"灭除"空心"，即可达到最高的理想境界——"无余涅槃"。有部学说到了世亲时代，也发生了较大的变化，被称为"新有部"。世亲是富娄沙富罗国人（今巴基斯坦白沙瓦西北），他的新有部思想，集中表现在《阿毗达摩俱舍论》中。它以"四谛"

为中心，把小乘佛教对世间和出世间的基本观点规范化和系统化，概念明晰，哲理性强，可以称是小乘佛教最后的哲学代表。正量部是从早期佛教分化出来的，尔后成为本宗的代表。正量部的创始人是三弥底耶，亦称"正量弟子部"。它的经律论三藏已经散失，汉译有《三弥底部论》。正量部是与大乘思想联系密切的小乘派别，特别接受了菩萨行的入世和救世思想。但对与其同时兴起的瑜伽唯识学说，则取批判态度。正量部强调境在心外，心外有境；心之取境，是直线式的反映，不经过任何中介。

大乘思潮作为早期佛教的异端分化出来，经过了相当激烈的斗争。大乘的基本特征是力图参与和干预社会的世俗生活，要求深入众生，救度众生，把"权宜""方便"提到与教义原则并重，甚或更高的地位。大乘的基本特征主要表现在早期的经典中。第一，强化佛的崇拜和构造佛的本生。佛徒修行的目的，最终在于成佛；但成佛是一个异常艰辛的，必须经历无数劫才有希望完成的漫长过程。从修持的角度，这过程可分"十住""十行""十无尽藏""十回向""十地""十定"六个十阶次，每一阶次部规定有为众生必做的功德和为自己应积累的福与智，由此体现自利、利他和自觉觉人的大乘精神。第二，弘扬菩萨和菩萨行。早期大乘佛典之所以把成佛目标定为无限长的过程，是因为它把深入世间、解脱众生当作自我完善、满足成佛条件的前提。众生无限，法门无限，修习的过程也必然无限。这种寓自我解脱于救苦救难、普度众生中的践行，叫做"菩萨行"，发誓从事"菩萨行"的佛徒，就是"菩萨"。菩萨的定义是："具足自利利他大愿，求大菩提，利有情"，其基本精神表现在所谓"慈悲喜护"的"四等心"中。第三，提倡内外调和与容纳多种信仰。大乘的入世思想和权宜之说，促进了佛教内部宽容调和倾向的滋长，也兴起了吸取"外道"思想和土著宗教观念的新潮流，由此形成了许多新的经典。其中影响最大的有这样三类：《法华经》类、"净土"类、秘密类。

随着佛教在汉地的不断传播和发展，特别是南北朝时期诸多帝王大多崇信佛教，翻译了大量佛经，佛教徒和佛教学者的数量也空前增长；另一方面，佛教在传播过程中也不可避免地受到儒家思想、道家思想等的影响，做出一些适合中国国情的改变。汉传佛教主要有八个大乘宗派和两个小乘宗派（成实宗和俱舍宗）。其中大乘的八个宗派流传较广，影响较大。三论宗又名法性宗，它的教义以真俗二谛为纲，以彻悟中道实相为究竟；瑜伽宗又名法相宗，以《瑜伽师地论》为根本教典，故称瑜伽宗。大唐三藏法师玄奘译传此宗，它的教义是"三界唯心，万法唯识"，以大乘佛菩提道佛法为宗旨。天台宗，其教义以五时八教为纲，以一心三观、三谛圆融为中心思想；华严宗，以五教来评判整个佛教，以六相、十玄、三观为其中心思想。禅宗的形成，是整个佛教史上的大事。禅是静中思虑，一般叫做禅定。禅的种类很多，有声闻禅、有菩萨禅、有次第禅、有顿超禅。禅学方面，在中国有一支异军突起，那就是所谓"教外别传"的禅宗，指心性的顿修顿悟的祖师禅。传说的达摩一派禅师，自北向南流动，代表了隋唐之际禅众发展的主要方向。日常劳动和与之有关的俗务，被引进禅学内容，是禅宗对传统佛教思想的重大改革，这一改革，到弘忍时代已经达到相当的理论自觉。弘忍门下分"北宗"神秀与"南宗"慧能二派。北宗主"渐悟"，行于北地，并无分派；南宗主"顿悟"，行于南方，盛于中唐以后；净土宗，以求生西方极乐世界佛国净土为宗旨；律宗，依声闻律部中的"四分律"从戒条戒相说，有五戒，十戒，具足戒之分；密宗（真言宗），是指修行证量上的现观境界，不可为人明说的部分；或是以隐语宣说如来藏的所在，或是隐说菩萨的种种秘密证境，才是真实的密教。

　　古代西藏文化十分低下，普遍盛行土著苯教。苯教是一种原始信仰，它崇拜日月星辰、山川草木等一切自然物，特别重视部落神和地方神。公元7世纪，佛教开始传入西藏地区，在与西藏的本土宗教苯教长期相互影响、相互斗争后，最终形成了藏传佛教。文成公主嫁给松赞干布，同时将汉地的佛教带入西藏。但是也有说法是另有印度僧人从尼泊尔进入西藏传播佛教，因为此时印度的佛教已经从大乘佛教发展到密乘，所以传入藏地的佛教多为密乘。藏传佛教主要分为四大主流派别，分别为：格鲁派（黄教）、萨迦派（花教）、宁玛派（红教）、噶举派（白教）。宁玛派是藏传佛教史上最悠久的一个教派。"宁玛"的字义是古和旧。因为他们的教法自称是从8世纪传下来的，起源最古；还以传播弘扬吐蕃期所译旧密咒为主，故谓之"旧"。噶当派是以所传教法的特征命名的。"噶"意为佛语，即佛的言教，"当"为教诫、教授，两字合在一起指佛的一切言教，包括显密经典，都是佛徒全部生活中必须遵循的原则。噶当派后来发展为格鲁派。

萨迦派着重阐扬"道果"教授。噶举派，是一个注重口传的教派。此派尤重密法修炼，强调师徒口耳相传。10世纪后半叶，佛教复兴，不只维护了阿里地区的统一，而且抵御了伊斯兰教势力，对于捍卫整个西藏和内地，都有重大意义。新兴的佛教具有许多新的特点，首先，它依然受到吐蕃贵族的支持，并转变成了抗拒伊斯兰教东进、稳定割据形势和推进封建化的思想支柱。其次，权势贵族进入僧侣集团，开创了僧侣驾凌和支配世俗政权的先声，为此后确立新的全藏性的"政教合一"体制准备了条件。第三，强化了寺院和僧侣作为社会独立实体的地位，再次承担起社会教育和发展文化的职能。由僧侣把持的大寺院，形成了当地政治、经济、文化、教育的多功能中心，制约着西藏社会的发展进程，影响异常深远。最后，佛教之所以具有这样强大的威力，与其吸取传统苯教的内容，变更外来佛教的形式，得以深入广大民众，有极密切的关系。所谓藏传佛教，主要就是对这些特点的概括。

日本是中国隔海相望的近邻。6世纪，中国佛教传入日本，对日本的历史文化发生了极为深远的影响。佛教传入日本后，受到日本历史环境和社会习俗的影响，经历了漫长的民族化过程，到12世纪发展为日本的民族佛教，是日本文化的重要组成部分，直到现在还相当流行。佛教传入日本的时候，日本社会还比较落后，大和朝廷把中央和地方的豪族统一到氏族制度之下，在宗教方面，各个氏族有自己的保护神（氏神）。"大化革新"时天皇下诏兴隆佛法，奈良佛教和平安佛教是日本佛教初传时期的前后两个阶段。在这一时期是日本人对中国佛教开始接受、认识和消化吸收的过程。与中国初传期佛教相比，它在社会政治文化领域的影响较大。德川幕府统治时期，天皇仍是只拥有虚位，大权由幕府把持。为了巩固封建等级秩序，幕府重视文教。以前儒学、神道都依附于佛教，此时均从佛教中逐渐分离出来。在这种情况下，幕府一方面对佛教加强控制，另一方面又利用佛教作为统治人民的精神武器。德川幕府禁止成立新的佛教宗派。在这一时期，新的佛教宗派只有从中国传入的黄檗宗。在这个时期，佛教内部的世俗化倾向有了进一步发展。有不少僧人鼓吹诸教合流，主张吸收世俗伦理道德，肯定现实封建秩序，提倡生活日用即为佛道的思想。明治维新时期，在宗教方面，神道教被定为国教，脱离佛教而独立。但从明治开始，佛教界内部就出现了一些有民主意识的学僧，对日本的军国主义和侵略政策进行批评。明治维新以后，日本佛教学者通过到欧美、印度、斯里兰卡的留学考察，并通过吸收西方的科学文化思想，对佛教采取西方社会学和历史学的方法进行研究，又借助汉、梵、巴利、藏语文献的对比研究，在佛典的研究和整理佛教历史、教义、艺术等多方面取得丰富的成果。第二次世界大战结束，日本社会发生了深刻的变化。神道教（神社神道）降为民间宗教之一，在六十年代以前基督教得到迅速发展，传统佛教曾出现急剧下降的趋势；新兴宗教崛起，它们大都是根据传统宗教的某些教义吸收西方宗教以至哲学的部分思想创立起来的，既有神道系的，也有佛教系的。

东南亚佛教以南传上座部为主的佛教，主要传播于老挝、柬埔寨、泰国、缅甸、印度尼西亚以及越南中、南部的部分地区。据有关史料记述，公历纪元前后，上座部佛教已在东南亚流行。比佛教传入更早的婆罗门教，经与佛教文字并存和融和的阶段之后，虽为佛教所取代，但对佛教的影响仍然存在。10世纪以后，上座部佛教受到大部分国家封建领主的推崇和提倡，并加强了同锡兰（今斯里兰卡）的联系，互派僧侣留学，根据巴利语音序创立本民族文字，用以写定音译巴利三藏典籍，佛教被尊为国教，在大众中产生了深刻影响。18世纪到现代，泰文、缅文、高棉文、老挝文的巴利三藏音译编纂工作逐渐完备，并进一步将部分经卷译为本民族文字，使上座部佛教得以更加广泛的流传。随着20世纪民族解放运动的高涨，老挝佛教又出现复兴的气象，成立全国统一的佛教组织机构，整理出版了寮文巴利三藏典籍，并恢复以寺院为主的巴利语教学的教育中心制度。14世纪中叶之后，泰国的上座部佛教传入柬埔寨，逐渐推行两派僧王制度，并定为国教。20世纪初叶，柬埔寨的很多僧侣参加反殖民主义的斗争，创办了巴利语学校、西哈努克大学和佛教研究所，出版了高棉字母的巴利语三藏典籍和高棉文译文的部分上座部经论。泰国在拉玛四世统治时，对佛教进行了改革，在上座部内出现了一个要求严格遵守戒律的派别，称为"正法派"，而把传统的佛教称为"大众派"。这两派在教理上没有重大差别，只在遵守戒律方面有所宽严。现泰国佛教主要是这两派。锡兰与缅甸的交通通过东南印度为中心而发展起来，因此锡兰的上座部佛教大概是通过海道传入的。18世纪中叶，缅甸南北朝统一，佛教十分繁荣，缅甸佛教有自己的本色，这就是与传统的纳特崇拜和祖先崇拜的结合。随着20世纪民族解放运动的发展，缅甸僧侣建立了佛教组织，参与反英殖民主义的斗争。缅甸独立后，曾于1956年释迦牟尼涅槃二千五百年纪念时，邀请各国佛教界代表，举行了有2500多人参加的第六次结集，校勘上座部缅文巴利三藏，印行结集版藏经51卷本。1961年，宣布佛教为国教，继又取消国教的地位，执行宗教信仰自由的政策。爪哇佛教是大乘密教和印度教湿婆派的混合物。他们把佛陀和湿婆看作一体，在崇拜的对象中杂有印度教的很多神祇。

西方对佛教的了解，可能始于公元前4世纪后半叶。在古希腊哲学和佛教哲学中有许多相近的思想。恩格斯就把佛教徒问希腊人并提，认为只有他们才开辟了"辩证思维"一途。像变化无常、因果轮回、"四大"结构等主张，也在这两种文化系统中几乎平行流通。从19世纪末，东方文化主动加强了向西方的传播，佛教起着主导作用。佛教为适应西方社会生活需要，本身所起的变化，或是使它在西方居民中赢得信徒的更本质的原因，其中瑜伽和禅的广泛应用，多种社会服务和心理咨询的开发，是两项最成功的实验。据《世界基督教百科全书》1982年的统计，欧洲有佛教徒21万多，南美50万，北美近19万，大洋洲和非洲也有信仰者。佛教在西方世界，依然以东方移民和侨民为主体。二次大战以后，东方国家的经济与政治实力日益增强，西方社会中东方移民和侨民的经济政治地位也日益改善，加上东西方文化交流的多渠道发展，使佛教干预社会的作用力和对当地居民的影响力大幅度地提高。

经典篇章

一、《金刚经》节选

一相无相分

"须菩提！于意云何？须陀洹能作是念：'我得须陀洹果'不？"须菩提言："不也，世尊！何以故？须陀洹名为入流，而无所入，不入色声香味触法，是名须陀洹。""须菩提！于意云何？斯陀含能作是念：'我得斯陀含果'不？"须菩提言："不也，世尊！何以故？斯陀含名一往来，而实无往来，是名斯陀含。"　"须菩提！于意云何？阿那含能作是念：'我得阿那含果'不？"须菩提言："不也，世尊！何以故？阿那含名为不来，而实无不来，是名阿那含。"　"须菩提！于意云何？阿罗汉能作是念，'我得阿罗汉道'不？"须菩提言："不也，世尊！何以故？实无有法名阿罗汉。世尊！若阿罗汉作是念：'我得阿罗汉道'，即著我、人、众生、寿者。世尊！佛说我得无诤三昧，人中最为第一，是第一离欲阿罗汉。我不作是念：'我是离欲阿罗汉'。世尊！我若作是念：'我得阿罗汉道'，世尊则不说须菩提是乐阿兰那行者！以须菩提实无所行，而名须菩提，是乐阿兰那行。"

庄严净土分

佛告须菩提："于意云何？如来昔在燃灯佛所，于法有所得不？"　"不也，世尊！如来在燃灯佛所，于法实无所得。"　"须菩提！于意云何？菩萨庄严佛土不？"　"不也，世尊！何以故？庄严佛土者，即非庄严，是名庄严。"　"是故须菩提！诸菩萨摩诃萨，应如是生清净心，不应住色生心，不应住声香味触法生心，应无所住而生其心。须菩提！譬如有人，身如须弥山王，于意云何？是身为大不？"须菩提言："甚大，世尊！何以故？佛说非身，是名大身。"

离相寂灭分

尔时，须菩提闻说是经，深解义趣，涕泪悲泣，而白佛言："希有，世尊"！佛说如是甚深经典，我从昔来所得慧眼，未曾得闻如是之经。世尊！若复有人得闻是经，信心清净，则生实相，当知是人，成就第一希有功德。世尊！是实相者，即是非相，是故如来说名实相。世尊！我今得闻如是经典，信解受持不足为难，若当来世，后五百岁，其有众生，得闻是经，信解受持，是人则为第一希有。

何以故？此人无我相、人相、众生相、寿者相。所以者何？我相即是非相，人相、众生相、寿者相即是非相。何以故？离一切诸相，则名诸佛。佛告须菩提："如是！如是！若复有人得闻是经，不惊、不怖、不畏，当知是人甚为希有。"何以故？须菩提！如来说第一波罗蜜，即非第一波罗蜜，是名第一波罗蜜。须菩提！忍辱波罗蜜，如来说非忍辱波罗蜜。何以故？须菩提！如我昔为歌利王割截身体，我于尔时，无我相、无人相、无众生相、无寿者相。何以故？

我于往昔节节支解时，若有我相、人相、众生相、寿者相，应生嗔恨。须菩提！又念过去于五百世作忍辱仙人，于尔所世，无我相、无人相、无众生相、无寿者相。是故须菩提！菩萨应离一切相，发阿耨多罗三藐三菩提心，不应住色生心，不应住声香味触法生心，应生无所住心。若心有住，则为非住。是故佛说：'菩萨心不应住色布施。'须菩提！菩萨为利益一切众生，应如是布施。如来说：一切诸相，即是非相。又说：一切众生，即非众生。须菩提！如来是真语者、实语者、如语者、不诳语者、不异语者。须菩提！如来所得法，此法无实无虚。须菩萨，若菩萨心住于法而行布施，如人入暗，即无所见。若菩萨心不住法而行布施，如人有目，日光明照，见种种色。须菩提！当来之世，若有善男子、善女人，能于此经受持读诵，则为如来以佛智慧，悉知是人，悉见是人，皆得成就无量无边功德。

二、《妙法莲华经》节选

妙法莲华经药王菩萨本事品第二十三

……

尔时一切众生憙见菩萨。说是偈已。而白佛言。世尊。世尊犹故在世。尔时日月净明德佛告一切众生憙见菩萨。善男子。我涅槃时到。灭尽时至。汝可安施床座。我于今夜当般涅槃。又敕一切众生憙见菩萨。善男子。我以佛法嘱累于汝。及诸菩萨大弟子。并阿耨多罗三藐三菩提法。亦以三千大千七宝世界。诸宝树宝台。及给侍诸天。悉付于汝。我灭度后所有舍利。亦付嘱汝。当令流布广设供养。应起若干千塔。如是日月净明德佛。敕一切众生憙见菩萨已。于夜后分入于涅槃。尔时一切众生憙见菩萨。见佛灭度悲感懊恼恋慕于佛。即以海此岸栴檀为［积］。供养佛身。而以烧之。火灭已后。收取舍利。作八万四千宝瓶。以起八万四千塔。高三世界。表刹庄严。垂诸幡盖悬众宝铃。尔时一切众生憙见菩萨。复自念言。我虽作是供养心犹未足。我今当更供养舍利。便语诸菩萨大弟子。及天龙夜叉等一切大众。汝等当一心念。我今供养日月净明德佛舍利。作是语已。即于八万四千塔前。然百福庄严臂。七万二千岁而以供养。令无数求声闻众无量阿僧祇人发阿耨多罗三藐三菩提心。皆使得住现一切色身三昧。尔时诸菩萨天人阿修罗等。见其无臂忧恼悲哀。而作是言。此一切众生喜见菩萨。是我等师。教化我者。而今烧臂身不具足。于时一切众生喜见菩萨。于大众中立此誓言。我舍两臂。必当得佛金色之身。若实不虚。令我两臂还复如故。作是誓已自然还复。由斯菩萨福德智慧淳厚所致。当尔之时。三千大千世界六种震动。天雨宝华。一切人天得未曾有。佛告宿王华菩萨。于汝意云何。一切众生喜见菩萨。岂异人乎。今药王菩萨是也。其所舍身布施如是。无量百千万亿那由他数。宿王华。若有发心欲得阿耨多罗三藐三菩提者。能燃手指乃至足一指供养佛塔。胜以国城妻子及三千大千国土山林河池诸珍宝物而供养者。若复有人。以七宝满三千大千世界。供养于佛及大菩萨辟支佛阿罗汉。是人所得功德。不如受持此法华经。乃至一四句偈其福最多。宿王华。譬如一切川流江河诸水之中。海为第一。此法华经亦复如是。于诸如来所说经中。最为深大。又如土山黑山小铁围山大铁围山及十宝山。众山之中须弥山为第一。此法华经亦复如是。于诸经中最为其上。又如众星之中。月天子最为第一。此法华经亦复如是。于千万亿种诸经法中。最为照明。又如日天子能除诸暗。此经亦复如是。能破一切不善之暗。又如诸小王中。转轮圣王最为第一。此经亦复如是。于众经中最为其尊。又如帝释。于三十三天中王。此经亦复如是。诸经中王。又如大梵天王。一切众生之父。此经亦复如是。一切贤圣学无学。及发菩萨心者之父。又如一切凡夫人中。须陀洹斯陀含阿那含阿罗汉辟支佛为第一。此经亦复如是。一切如来所说。若菩萨所说。若声闻所说。诸经法中最为第一。有能受持是经典者。亦复如是。于一切众生中亦为第一。一切声闻辟支佛中菩萨为第一。此经亦复如是。于一切诸经法中最为第一。如佛为诸法王。此经亦复如是。诸经中王。宿王华。此经能救一切众生者。此经能令一切众生离诸苦恼。此经能大饶益一切众生。充满其愿。如清凉池。能满一切诸渴乏者。如寒者得火。如裸者得衣。如商人得主。如子得母。如渡得船。如病得医。如暗得灯。如贫得宝。如民得王。如贾客得海。如炬除暗。此法华经亦复如是。能令众生离一切苦一切病痛。能解一切生死之缚。若人得闻此法华经。若自书。若使人书。所得功德。以佛智慧筹量多少不得其边。若书是经卷。华香璎珞。烧香末香涂香。幡盖衣服。种种之灯酥灯油灯诸香油灯。瞻卜油灯。须曼那油灯。波罗罗油灯。婆利师迦油灯。那婆摩利油灯供养。所得功德亦复无量。宿王华。若有人闻是药王菩萨本事品者。亦得无量无边功德。若有女人闻是药王菩萨本事品。能受持者。尽是女身后不复受。

若如来灭后后五百岁中。若有女人。闻是经典如说修行。于此命终。即往安乐世界阿弥陀佛大菩萨众围绕住处。生莲华中宝座之上。不复为贪欲所恼。亦复不为嗔恚愚痴所恼。亦复不为骄慢嫉妒诸垢所恼。得菩萨神通无生法忍。得是忍已。眼根清净。以是清净眼根。见七百万二千亿那由他恒河沙等诸佛如来。是时诸佛遥共赞言。善哉善哉。善男子。汝能于释迦牟尼佛法中。受持读诵思惟是经为他人说。所得福德无量无边。火不能烧。水不能漂。汝之功德千佛共说不能令尽。汝今已能破诸魔贼坏生死军。诸余怨敌皆悉摧灭。善男子。百千诸佛以神通力共守护汝。于一切世间天人之中无如汝者。唯除如来。其诸声闻辟支佛乃至菩萨智慧禅定。无有与汝等者。宿王华。此菩萨成就如是功德智慧之力。若有人闻是药王菩萨本事品。能随喜赞善者。是人现世口中常出青莲华香。身毛孔中。常出牛头栴檀之香。所得功德如上所说。是故宿王华。以此药王菩萨本事品。嘱累于汝。我灭度后五百岁中。广宣流布于阎浮提无令断绝。恶魔魔民诸天龙夜叉鸠槃茶等得其便也。宿王华。汝当以神通之力守护是经。所以者何。此经则为阎浮提人病之良药。若人有病。得闻是经病即消灭。不老不死。宿王华。汝若见有受持是经者。应以青莲花盛满末香供散其上。散已作是念言。此人不久。必当取草坐于道场破诸魔军。当吹法螺击大法鼓。度脱一切众生老病死海。是故求佛道者。见有受持是经典人。应当如是生恭敬心。说是药王菩萨本事品时。八万四千菩萨。得解一切众生语言陀罗尼。多宝如来于宝塔中。赞宿王华菩萨言。善哉善哉。宿王华。汝成就不可思议功德。乃能问释迦牟尼佛如此之事。利益无量一切众生。

第六章

基督教教义

背景链接

　　基督教，是一个相信耶稣基督为救世主的一神论宗教。基督教、佛教、伊斯兰教是世界三大宗教。最早期的基督教只有一个教会，但在基督教的历史进程中却分化为许多派别，主要有天主教、东正教、新教（中文又常称为基督教）三大派别，以及其他一些影响较小的派别。

　　耶稣是基督教里的核心人物，根据《圣经》记载，大约 2000 年前，耶稣由童贞女玛丽亚受圣神感孕，生于伯利恒城客店的马厩之中。耶稣基督其后为逃避当时犹太的长官大希律王的追杀令而远走埃及，到大希律王死后才回到约瑟的居住地——加利利行省的拿撒勒定居。耶稣 30 岁以后开始通过寓言教导众人，从门徒当中挑选了 12 人成为他的使徒传道。耶稣出来传道，宣讲天国的福音，劝人悔改，转离恶行。他的教训和所行的神迹，在民众中得到极大的回应。这使得罗马帝政下的犹太教的祭司团大受影响，深深感到自己地位不保，所以要把他除之而后快。后来由于门徒犹大告密，罗马帝国驻犹太的总督彼拉多将耶稣逮捕。耶稣受尽打骂侮辱，最后被钉在十字架上而死。但耶稣的心意却是为了要赎世人的罪，甘愿流出自己的血。依据他门徒们的见证，耶稣死后第三天从石窟坟墓中复活了。他的坟墓空了，他又多次向满心疑惑的门徒们显现。他们渐渐确信耶稣真的复活了，是胜过死亡的救主。在耶稣升天超离这世界的时空后，他的门徒们起来热心宣扬耶稣的教训，并且宣告他是复活得胜死亡的主。信徒们组成彼此相爱、奉基督之名敬拜上帝的团体，就是基督教会。

背景链接

基督教的前身是犹太教，而且至今基督教的圣经的大部分内容也是犹太教的圣经内容。犹太教的创始人是摩西。摩西是以色列人，却是由埃及法老的女儿抚养，并受到良好的埃及文化教育长大的以色列人。正因为他的传奇般的经历和良好的文化教育使得他成为犹太教的创始人和以色列人的宗教领袖。本来以色列人的原始宗教神是耶和华神（上帝），于是摩西利用以色列人对耶和华神的信仰，传神的意旨，组织以色列人完成了摆脱埃及法老奴役的逃亡行动。由于摩西的智慧和勇气，带领以色列人克服重重困难，成功地摆脱埃及法老的追杀，安全到达巴勒斯坦地区。但是，他知道以色列民族的命运这样悲惨，其主要原因是民族缺少团结。而要实现民族的团结就必须有一个精神上的统一，在当时的历史条件下要实现这一点要求，唯一的方法就是建立一个能够为全民族接受的宗教；并且，这个宗教的教义必须与原始宗教不同，应该具有对人的思想、行为的统一作用，也就是对人的社会性有更加强的支持。为了使大家接受他的思想，摩西需要利用人们对他的信任，利用传达耶和华神（上帝）的话来建立新的、更强为有力的宗教。为此，摩西和以色列人的长老们在西奈山准备了相当隆重、神秘的仪式。摩西建立新宗教的第一件事情就是向全体以色列人提出《十戒》，并且是以与耶和华神（上帝）的约定的形式提出的用石板刻下，所以没有任何可以商量的余地，必须无条件地、全面地遵守。犹太教对当时以色列人建立自己的国家、维护社会秩序起到根本的保证作用。

公元1世纪左右，巴勒斯坦犹太人处于罗马帝国奴隶主统治下，发生了多次犹太民族大起义，在这种时代背景下，传统犹太教已经不能起到团结犹太民族摆脱罗马帝国统治的作用。所以在巴勒斯坦拿撒勒地区的贫苦农民、渔民和手工业者中间出现了一些新的宗教思想。其中主要的代表人物有：给耶稣施洗礼的约翰，耶稣和他的门徒们等。他们同投靠罗马帝国的犹太教上层权贵之间存在着尖锐的矛盾与对立。因为新的宗教思想是提倡人人平等、互爱，反对强权统治，所以传播新宗教思想的人都遭到统治阶层的迫害。基督教主要强调思想上的信仰和认可，以信仰、希望、爱为思想纲领，特别强调爱上帝、爱世人，以爱为其最根本的准则，称爱之律法为最大律法。在服从性上，基督教特别强调"顺服掌权者"，教导仆人要服从主人，妻子顺从丈夫，不要与别人争斗等等。1世纪40年代后期，保罗等人向非犹太人进行传教，基督教会突破犹太民族之界限，相继建立教会，并且吸收当地民族文化，形成各自的为当地民族接受的文化背景。1054年，基督教分化为公教（在中国称天主教）和正教（在中国称东正教）。天主教以罗马教廷为中心，权力集中于教宗身上；东正教以君士坦丁堡为中心，教会最高权力属于东罗马帝国的皇帝。宗教改革运动产生出脱离天主教会的基督教新教教会。领导人物是马丁·路德、加尔文等人，他们建立了新教和圣公会，脱离了罗马天主教。中国所称的"基督教"，基本上都是这个时候产生的新教。1517年马丁·路德的《九十五条论纲》，1536年加尔文的《基督教原理》，1555年日内瓦神权共和国的最终确立，这三个里程碑便标志着宗教改革从开始到理论确立，再到实践的整个过程。马丁·路德可以称为近代个人主义的先驱，是一种对个体存在的主体性认同和关切，路德强调说，每一个灵魂，在造他的主面前是赤露敞开的。没有人能替代别人活，更没有人能替代别人死，每一个人都必须单独为自己濒死的痛苦搏斗。路德对内在个体的强调，还表现在对"罪"的特别重视和认识。在神学上，路德深受使徒保罗和早期教父奥古斯丁的影响，特别看重"罪和义"的问题，还表现在对"爱"的关注。罪是关乎个人的，它是由个体承纳并付出的，路德十分关注上帝舍己的爱，自甘卑微的爱，关注那新约中耶稣对忧伤个体的安慰，对病弱个体的怜悯，他很少讲律法，律法是一群人或是集体的，而爱则是个人的。加尔文经常将人分为选民和弃民两种，从而忽略其个体性，即一种对"类"的认同，这样的倾向对其整个思想乃至实践有着极其重要的影响。在个人和社会问题上，路德和加尔文反对修道主义，主张入世。路德提出了"天召的引导"的观念，认为一切有价值的行业都是天召，而不论它是教会工作、政治工作、甚至是家庭劳作，这样的工作都是合神心意的，上帝并没有让我们不去作工，因为上帝从起初到如今都在做工，何况人呢？这样的观点，对世俗活动作了道德辩护。加尔文对于入世的侧重点在于荣耀上帝，而不只是做工。信徒所作的，不是一个善行，而是一辈子的善行，并且要结成完整的体系，形成一种理性化的生活，来荣耀上帝，作为选民外在的标志。正由于这样的认识，才有了早期清教徒的忍耐、克己、勤劳、无止境的追求的艰苦创业精神，这正是早期资本主义精神萌芽的一方动因。因此具有更重大的意义。

耶稣自命为实现天国的人。基督的意思是上帝差遣来的受膏者，为基督宗教对耶稣的专称。尽管有三大教派，但是基本教义都是相同的。《圣经》由《旧约全书》和《新约全书》两部分组成，是基督教的经典。十字架是基督教的标志。他们信奉的"上帝"或"天主"本体上是独一的，但是包括圣父、圣子、圣灵（圣神）三个位格。基督教信仰圣父、圣子、圣灵三而一的上帝。上帝是三位一体——圣父是万有之源造物之主，圣子是太初之道而降世为人的基督耶稣，圣灵受圣父之差遣运行于万有之中、更受圣父及圣子之差遣而运行于教会之中。但这三者仍是同一位上帝，而非三个上帝——三位格、一本体，简称三位一体。对于圣母玛利亚的崇拜，在君士坦丁大帝宣布基督教为罗马帝国国教，大批民众改信基督教时开始盛行。居住在地中海和近东地区的各民族几千年来一直在崇拜一位圣母女神，一位神圣的童贞女，这种崇拜从巴比伦和亚述的古代民间宗教一直传到希腊文化的末期。尽管基督教的福音书的教导反对崇拜这位女神，但是，这种崇敬却得以借崇拜马利亚的形式表达出来；据说正是在马利亚腹中，具有神性的道才与人性实现奇妙的结合而成为耶稣。根据基督教义，圣灵这个概念的实质是像风吹那样自由自在，预言之灵与知识之灵不是先知或智者可以随意左右的。圣灵的启示，表现为先知的预言或智慧的语言，写出来就是《圣经》。圣灵又是不断推进教会历史的、有创造力的革新动力。基督教认为上帝创造了宇宙（时间和空间）万物，包括人类的始祖。人类的始祖亚当与夏娃在伊甸园中违逆上帝出于爱的命令，偷吃禁果，想要脱离造物主而获得自己的智慧，从此与上帝的生命源头隔绝，致使罪恶与魔鬼缠身，而病痛与死亡则为必然的结局。后世人皆为两人后裔，生而难免犯同样的罪，走上灭亡之路。人生的希望在于信奉耶稣基督为主。人有灵魂，依生前行为，死后受审判，生前信仰基督者，得靠基督进入永生。怙恶不悛者，将受公义的刑罚与灭亡。世界或许会有末日，但在上帝所造的新天新地中，却是永生长存。关于魔鬼，基督教教义认为，魔鬼撒旦本来是上帝所造，他是上帝的对手和敌手，对抗上帝的救世计划。撒旦原来是上帝的天使，是一位天使长，管理着众多的天使。但由于见上帝有那么大的权力，心生恶念，带领一些天使反抗上帝。上帝怒把他们赶出天堂，撒旦跌入地下，做了魔鬼，公开反对上帝。污秽人的心灵，控制人的思想，驱使人做一些不好的事情，远离上帝的真理。

天主教、新教和东正教的共性是首要的，他们都共同认可上帝耶和华，他是宇宙的主宰和造物主，自有永有，自在永在，他是大能、公义和仁慈的，他是三位一体的。旧约启示给犹太人，强调人作为受造物的不完满性和罪性以及上帝对人的犯罪的不悦和惩处，用以揭示上帝的大能、权威和公义；新约启示给全人类，上帝派遣自己经童贞女玛利亚无玷受孕道成肉身，下凡人间，经历苦难，传扬福音，然后被钉十字架，以自己的苦难和牺牲来救赎人类的罪性、堕落和苦难。死后三天，复活，升天，并预言自己日后还要再来，对所有的活人和死人进行审判，善人入天堂享永福，恶人下地狱受永罚，此即为"末日大审判"。新约强调福音，也就是爱，博爱，上帝对全人类的爱，以及人作为回应，对上帝的爱和对人的爱。正所谓的爱人如己，荣神益人。耶稣基督就是道路、真理、生命和榜样。

在共性的前提下，天主教、新教和东正教的区别和分歧却也是显明的，特别是新教与天主教和东正教之间的差别更大。天主教主张圣经的权威和教会的传承，主张信心＋行为＝得救与永生。天主教强调普世性，其总部设在罗马梵蒂冈，称为梵蒂冈教廷。所以天主教也称为罗马公教。其教会组织体系自上而下，集中统一，教皇（即教宗）是全球天主教会的领袖，由枢机主教团选举产生，除非渎职或犯有异端罪，任职终身。天主教的所有神职人员，包括修士和修女，均遵守独身制度。这一独身制度确定于公元 12 世纪，在历史上起到了积极的作用。但可能并不一定适合于所有的神职人员。天主教和东正教在教堂里举行的宗教崇拜活动称为"弥撒"，而新教在教堂里举行的宗教崇拜活动称为"礼拜"。

新教的主张是唯一相信《圣经》，坚持《圣经》本身的绝对权威，不赞成以教会来主导对圣经的解释，而应主要由个人凭借自己的信心和良心还有圣灵的感动来理解。认为既然耶稣基督是神与人之间的救赎中保，那么神人间的沟通和交流就不需要教会发挥太多的中介作用。强调首要的是对上帝的信从，反对单凭行为或主要凭行为得救。各教会团体一般比较独立化，较为自由，但也容易造成新的分化。实际上，新教也的确不是一个统一的教派，而是分化的数十个教派的总称。其中，路德派、加尔文派、圣公会是三大全球性的主流教派，这三大主流教派内部也有不少不同的派别，并非铁板一块。新教的所有教牧人员都可以结婚。新教教堂里立的十字架上没有耶稣基督被钉的受苦难的像；新教徒祈祷时也不在胸前划十字。新教教堂内外的装饰是最简洁、最朴素的，雕塑和壁画一般都没有。当然，圣公会除外。圣公会在很多方面都是接近天主教的，特别是其中的上层教派——高教会派。除了圣公会高教会派外，其他新教各派都没有修道院和修会制度。圣公会高教会派是在上个世纪恢复修道院和修会制度的。新教的一般教牧人员称为牧师或长老，而不像天主教和东正教那样称为神甫（非正式地可称为神父）。

东正教强调正统性，所以也称为正教。他与天主教的差别主要是以下方面：一是保守性。坚守古教义和古礼仪，基本不做什么调整。二是封闭性。不太强调传教工作，对与天主教和新教开展交流和对话也不大热心。三是依附性。历史上一直强烈的依附于世俗政权，受其严格的控制，不像天主教那样一直政教分离和教俗二元结构。四是分散性。一直没有统一的全球性的教会首脑机构。名义上君士坦丁堡（即今伊斯坦布尔）大牧首处于首席地位，但实际上莫斯科大牧首、耶路撒冷大牧首、安提阿大牧首、亚历山大里亚大牧首并不受其节制，而且这些大牧首对非本国的正教会辖区的影响也很有限。五是神秘性。强调通过祷告时的沉思默想来达到与上帝的直接交通，很注重这种个体性的和不可重复性的信仰体验。主教以下的神职人员可以结婚（修士和修女除外）。但是，有了家室的那些基层神职人员，比如神甫，就没有机会再升迁到主教及以上职位了。东正教教堂内外都没有雕塑，但教堂里有大量反映宗教性内容的壁画。不过，东正教的教堂里的其他装饰物还是比天主教教堂丰富，而且宗教仪式也更盛大和繁复。东正教的教堂里一般都没有坐椅，教友们要站着参加宗教活动。这与天主教和新教教堂形成了鲜明的对比。东正教在国际上的影响力远远小于天主教和新教。

一、《圣经·新约·马太福音》节选

耶稣看见这许多的人，就上了山，既已坐下，门徒到他跟前来。他就开口教训他们说，虚心的人有福了，因为天国是他们的。哀恸的人有福了，因为他们必得安慰。温柔的人有福了，因为他们必承受地土。饥渴慕义的人有福了，因为他们必得饱足。怜恤人的人有福了，因为他们必蒙怜恤。清心的人有福了，因为他们必得见神。使人和睦的人有福了，因为他们必称为神的儿子。为义受逼迫的人有福了，因为天国是他们的。人若因我辱骂你们，逼迫你们，捏造各样坏话毁谤你们，你们就有福了。应当欢喜快乐，因为你们在天上的赏赐是大的。在你们以前的先知，人也是这样逼迫他们。你们是世上的盐。盐若失了味，怎能叫他再咸呢？以后无用，不过丢在外面，被人践踏了。你们是世上的光。城造在山上，是不能隐藏的。人点灯，不放在斗底下，是放在灯台上，就照亮一家的人。你们的光也当这样照在人前，叫他们看见你们的好行为，便将荣耀归给你们在天上的父。莫想我来要废掉律法和先知。我来不是要废掉，乃是要成全。我实在告诉你们，就是到天地都废去了，律法的一点一画也不能废去，都要成全。所以无论何人废掉这诫命中最小的一条，又教训人这样做，他在天国要称为最小的。但无论何人遵行这诫命，又教训人遵行，他在天国要称为大的。我告诉你们，你们的义，若不胜于文士和法利赛人的义，断不能进天国。你们听见有吩咐古人的话，说，不可杀人，又说，凡杀人的，难免受审判。只是我告诉你们，凡向弟兄动怒的，难免受审判。凡骂弟兄是拉加的，难免公会的审断。凡骂弟兄是魔利的，难免地狱的火。所以你在祭坛上献礼物的时候，若想起弟兄向你怀怨，就把礼物留在坛前，先去同弟兄和好，然后来献礼物。你同告你的对头还在路上，就赶紧与他和息。恐怕他把你送给审判官，审判官交付衙役，你就下在监里了。我实在告诉你，若有一文钱没有还清，你断不能从那里出来。你们听见有话说，不可奸淫。只是我告诉你们，凡看见妇女就动淫念的，这人心里已经与她犯奸淫了。若是你的右眼叫你跌

倒，就剜出来丢掉。宁可失去百体中的一体，不叫全身丢在地狱里。若是右手叫你跌倒，就砍下来丢掉。宁可失去百体中的一体，不叫全身下入地狱。又有话说，人若休妻，就当给她休书。只是我告诉你们，凡休妻的，若不是为淫乱的缘故，就是叫她作淫妇了。人若娶这被休的妇人，也是犯奸淫了。你们又听见有吩咐古人的话，说，不可背誓，所起的誓，总要向主谨守。只是我告诉你们，什么誓都不可起，不可指着天起誓，因为天是神的座位。不可指着地起誓，因为地是他的脚凳。也不可指着耶路撒冷起誓，因为耶路撒冷是大君的京城。又不可指着你的头起誓，因为你不能使一根头发变黑变白了。你们的话，是，就说是，不是，就说不是。若再多说，就是出于那恶者（或作是从恶里出来的）。你们听见有话说，以眼还眼，以牙还牙。只是我告诉你们，不要与恶人作对。有人打你的右脸，连左脸也转过来由他打。有人想要告你，要拿你的里衣，连外衣也由他拿去。有人强逼你走一里路，你就同他走二里。有求你的，就给他。有向你借贷的，不可推辞。你们听见有话说，当爱你的邻舍，恨你的仇敌。只是我告诉你们，要爱你们的仇敌。为那逼迫你们的祷告。这样，就可以作你们天父的儿子。因为他叫日头照好人，也照歹人，降雨给义人，也给不义的人。你们若单爱那爱你们的人。有什么赏赐呢？就是税吏，不也是这样行吗？你们若单请你弟兄的安，比人有什么长处呢？就是外邦人不也是这样行吗？所以你们要完全，像你们的天父完全一样。

二、《圣经·新约·罗马书》节选

耶稣基督的仆人保罗，奉召为使徒，特派传神的福音。这福音是神从前借众先知，在圣经上所应许的。论到他儿子，我主耶稣基督。按肉体说，是从大卫后裔生的。按圣善的灵说，因从死里复活，以大能显明是神的儿子。我们从他受了恩惠，并使徒的职分，在万国之中叫人为他的名信服真道。其中也有你们这蒙召属耶稣基督的人。我写信给你们在罗马为神所爱，奉召作圣徒的众人。愿恩惠平安，从我们的父神，并主耶稣基督，归与你们。第一，我靠着耶稣基督，为你们众人感谢我的神。因你们的信德传遍了天下。我在他儿子福音上，用心灵所事奉的神，可以见证我怎样不住地提到你们，在祷告之间，常常恳求，或者照神的旨意，终能得平坦的道路往你们那里去。因为我切切地想见你们，要把些属灵的恩赐分给你们，使你们可以坚固。这样我在你们中间，因你与我彼此的信心，就可以同得安慰。弟兄们，我不愿意你们不知道，我屡次定意往你们那里去，要在你们中间得些果子，如同在其余的外邦人中一样。只是到如今仍有阻隔。无论是希利尼人、化外人、聪明人、愚拙人，我都欠他们的债。所以情愿尽我的力量，将福音也传给你们在罗马的人。我不以福音为耻。这福音本是神的大能，要救一切相信的，先是犹太人，后是希利尼人。因为神的义，正在这福音上显明出来。这义是本于信以致于信。如经上所记，义人必因信得生。原来神的忿怒，从天上显明在一切不虔不义的人身上，就是那些行不义阻挡真理的人。神的事情，人所能知道的，原显明在人心里。因为神已经给他们显明。自从造天地以来，神的永能和神性是明明可知的，虽是眼不能见，但借着所造之物，就可以晓得，叫人无可推诿。因为他们虽然知道神，却不当作神荣耀他，也不感谢他。他们的思念变为虚妄，无知的心就昏暗了。自称为聪明，反成了愚拙，将不能朽坏之神的荣耀变为偶像，仿佛必朽坏的人，和飞禽走兽昆虫的样式。所以神任凭他们，逞着心里的情欲行污秽的事，以致彼此玷辱自己的身体。他们将神的真实变为虚谎，去敬拜事奉受造之物，不敬奉那造物的主。主乃是可称颂的，直到永远。阿们。因此神任凭他们放纵可羞耻的情欲。他们的女人，把顺性的用处，变为逆性的用处。男人也是如此，弃了女人顺性的用处，欲火攻心，彼此贪恋，男和男行可羞耻的事，就在自己身上受这妄为当得的报应。他们既然故意不认识神，神就任凭他们存邪僻的心行那些不合理的事，装满了各样不义，邪恶、贪婪、恶毒（或作阴毒）。满心是嫉妒、凶杀、争竞、诡诈、毒恨。又是谗毁的，背后说人的，怨恨神的（或作被神所憎恶的），侮慢人的，狂傲的，自夸的，捏造恶事的，违背父母的，无知的，背约的，无亲情的，不怜悯人的。他们虽知道神判定，行这样事的人是当死的，然而他们不但自己去行，还喜欢别人去行。

第七章

伊斯兰教教义

背景链接

　　伊斯兰教是世界三大宗教之一，伊斯兰教世界的国家遍布亚、非两个大洲。伊斯兰系阿拉伯语音译，原意为"顺从""和平"，指顺从和信仰宇宙独一的最高主宰安拉及其意志，以求得两世的和平与安宁。信奉伊斯兰教的人统称为"穆斯林"。7 世纪初兴起于阿拉伯半岛，由麦加人穆罕默德所复兴。起初，伊斯兰教作为一个民族的宗教，接着作为一个封建帝国的精神源泉，然后又作为一种宗教、文化和政治的力量，一种人们生活的方式，在世界范围内不断地发展着，乃至成为 21 世纪世界的三大宗教之一。

　　穆罕默德是伊斯兰教的创始人，也是伊斯兰教徒（穆斯林）公认的伊斯兰教先知。按传统的穆斯林传记，他约于公元 570 年出生于麦加，公元 632 年 6 月 8 日逝世于麦地那。他的全名是穆罕默德·本·阿卜杜拉·本·阿卜杜勒·穆塔利卜·本·哈希姆。穆斯林认为穆罕默德是亚伯拉罕诸教的最后一位先知。此外他还统一了阿拉伯的各部落，并以此奠定了后来阿拉伯帝国的基础。

思想综述

　　伊斯兰教之所以和平和迅速的传播的主要因素之一是伊斯兰教信条的简洁明了。伊斯兰召唤人类信仰应受崇拜的独一的造物主——真主。伊斯兰教同时不断地教导人类应用智慧和观察的能力来认识真理。在宗教归纳层面上，伊斯兰教和基督教以及犹太教同属亚伯拉罕系；其历史均可追溯至亚伯拉罕时期。三教都确认圣经旧约部分的真确性；基督教相信耶稣为神的儿子，即旧约里提及的弥赛亚，新约是上帝与人们重新订立的约。犹太教对新约不给予承认，认为弥赛亚还未降临。伊斯兰教认为耶稣只为先知，与亚伯拉罕、摩西和穆罕默德持同样地位，上帝每隔一段时间要挑选一位先知，并赐予经卷，但穆罕默德为"封印至圣"，即上帝挑选的最后一位先知，伊斯兰教相信圣经的神圣，但认为圣经的内容在历史的进程中已被修改，各种圣经的不同处一律要以上帝最后赐予穆罕默德的古兰经为准。

伊斯兰教是阿拉伯半岛社会经济、政治和宗教发展演变的必然产物。6 世纪末至 7 世纪初，阿拉伯半岛正处在原始氏族部落解体、阶级社会形成的大变革时期。伊斯兰教兴起前，半岛上的阿拉伯人主要信仰原始宗教，相信万物有灵和灵魂不死，盛行对大自然、动植物、祖先、精灵和偶像崇拜等多神信仰。其中拉特（即太阳神）、乌扎（即万能神）和默那（即命运神）三大女神尤受崇拜。在阿拉伯社会变革和一神教观念的影响下，阿拉伯人由多神信仰向一神教信仰过渡，产生了一神倾向的哈尼夫派。他们承认独一神，反对偶像崇拜，相信天命、复活、惩罚和报应，注重个人隐居修炼，过着禁欲的生活。哈尼夫思想成为伊斯兰教思想的先驱和中介。相传，610 年，穆罕默德 40 岁时的一天，当他在麦加城郊希拉山的山洞潜修冥想时，安拉派天使伽百利向他传达"启示"使之"受命为圣"。此后，他宣称接受了安拉给予的"使命"，便开始了历时 23 年的传播伊斯兰教的活动。起初在麦加是秘密传教，一些至亲密友成为最早的信奉者。622 年，穆罕默德同麦加穆斯林迁徙麦地那，标志着伊斯兰教进入新的历史发展阶段。穆罕默德领导穆斯林进行了政治、经济、宗教等一系列改革，以安拉"启示"的名义，完成了伊斯兰教义体系及各项制度的创建。630 年，麦加全城居民宣布归信伊斯兰教。631 年末，半岛各部落相继归信伊斯兰教，承认穆罕默德的领袖地位，基本上实现了阿拉伯半岛的政治统一。公元 632 年6 月 6 日（伊斯兰教历 11 年 3 月 12 日），穆罕默德在麦地那病逝，伊斯兰教进入"四大哈里发时期"，随着统一的阿拉伯国家的对外征服，伊斯兰教向半岛以外地区广泛传播，史称"伊斯兰教的开拓时期"。661 年起，伊斯兰教进入阿拉伯帝国时期，历经伍麦叶王朝和阿拔斯王朝，地跨亚、非、欧三大洲，伊斯兰教成为帝国占统治地位的宗教，经济和学术文化得到空前的繁荣和发展，史称"伊斯兰教发展的鼎盛时期"。二次世界大战后，各伊斯兰国家相继独立，大致形成当今伊斯兰世界的格局。

　　伊斯兰教是个全面和平的宗教，从伊斯兰教崇尚绿色就可以看出，穆斯林是希望和平的。但是穆斯林在民族的生命和信仰受到威胁和迫害时，伊斯兰教允许信徒进行强烈的反抗与征服。穆斯林要从实现个人和平、家庭和平到全社会、全人类和平，在和平的气氛中达到全世界融洽相处，以此接近真主。伊斯兰教希望团结，要求"穆斯林四海皆兄弟"。无论种族、语言、肤色存在多大的差异，只要皈依伊斯兰，相互之间都以兄弟相称。伊斯兰教崇尚科学，正如先知所教诲的"求知是每一位穆斯林男女应尽的责任"。东西方思想和新老观念的融合，带动了医学、数学、物理学、天文学、地理学、建筑学、艺术、文学以及历史学等领域的前所未有的进步。

　　伊斯兰教的信仰主要包括理论和实践两个部分。理论部分包括信仰（伊玛尼），即：信安拉、信天使、信经典、信先知、信后世。实践部分包括伊斯兰教徒必须遵行的善功和五项宗教功课（简称"五功"）。所谓的五功即念"清真言"、礼拜、斋戒、天课、朝觐，简称"念、礼、斋、课、朝"。五大信仰基本信条为"万物非主，唯有真主，穆罕默德是安拉的使者"，这在我国穆斯林中视其为"清真言"，突出了伊斯兰教信仰的核心内容。第一，信安拉。伊斯兰教是严格的一神教，要相信除安拉之外别无神灵，安拉是宇宙间至高无上的主宰。据《古兰经》记载，安拉有99个美名（99种德性），是独一无二、永生永存、无所不知、无所不在、创造一切、主宰所有人命运的无上权威。信安拉是伊斯兰教信仰的核心，体现了其一神论的特点。第二，信天使。认为天使是安拉用"光"创造的无形妙体，受安拉的差遣管理天国和地狱，并向人间传达安拉的旨意，记录人间的功过。第三，信经典。认为《古兰经》是安拉启示的一部天经，教徒必须信仰和遵奉，不得诋毁和篡改。伊斯兰教也承认《古兰经》之前安拉曾降示的经典（如《圣经》），但《古兰经》是比其他一切经典优越的，《古兰经》是包罗其他一切经典的意义，信徒即应依它而行事。第四，信先知。《古兰经》中曾提到了许多位使者，其中有阿丹、努海、易卜拉欣、穆萨、尔撒（即《圣经》中的亚当、诺亚、亚伯拉罕、摩西、耶稣），只有安拉知道他们的数目，使者中最后一位是穆罕默德，他也是最伟大的先知，是至圣的使者，他是安拉"封印"的使者，负有传达"安拉之道"的重大使命，因为他是被安拉派遣为人神两类的使者，只要信仰安拉的人都应服从他的使者。第五，信后世。伊斯兰教认为：整个宇宙及一切生命，终将有一天全部毁灭。然后安拉使一切生命复活，即复活日来临。复生日到来的时候，一切生命的灵魂都将复返于原始的肉体，奉安拉的命令而复活，并接受安拉最终的判决：行善的人将进入天堂，永享欢乐；作恶的人将被驱入地狱，永食恶果。伊斯兰教所提倡的两世兼顾，号召穆斯林要在现世努力创造美满生活，同时也应该以多做善功为未来的后世归宿创造条件，两者相辅相成。从某种意义上讲，相信后世可以制约人们今生的行为。

　　伊斯兰教自产生起，教派与教派斗争便始终贯穿于其历史发展的整个进程。其中有政治派别、法学派别和神学派别之争，各有其产生的社会背景和思想渊源，代表了伊斯兰教及其思想发展的主流。逊尼派是伊斯兰教的主要政治宗教派别之一，全称为"逊奈和大众派"，自称正统派。它是伊斯兰教中人数最多、分布最广的主流派，世界穆斯林大多属逊尼派，占全世界穆斯林总数的80％以上。在教义学上，逊尼派在反对穆尔太齐赖派和什叶派的斗争中，于11世纪正式接受艾什尔里派的教义学为本派的正统教义，后伊斯兰教权威学者安萨里将苏菲派神秘主义引入正统思想，最终完成了逊尼派完整的教义体系，它为世界大多数穆斯林所奉行。该派信仰神学理论主要有以下几个方面：一是安拉的本体与德性。认为安拉是宇宙间唯一的主宰，安拉的本体是第一性的，其德性是第二性的。二是《古兰经》的性质。认为《古兰经》是最高、最神圣的天经，是安拉的言语，是天使按原型口授给穆罕默德的。内在的启示并不寓于穆斯林的书、心、口、耳之中。三是前定与意志自由。既承认安拉的前定，又承认个人有意志自由。认为安拉周知万物，过去和未来的事件完全在安拉的洞察之中。任何人和物都是安拉所创造的，因而人类的意志自由是在万能的安拉的意志下选择的，人能够掌握自己的行为，只是因为有辨别是非的能力。

　　什叶派是与逊尼派、哈瓦利吉派、穆尔吉埃派并称为早期伊斯兰教的四大政治派别，是伊斯兰教中仅次于"逊尼派"的第二大教派。"什叶"的阿拉伯语意为"党人""派别"。因内部主张分歧，又相继分化出凯萨尼派、宰德派、伊斯玛仪派（七伊玛目派）、十二伊玛目派等派别和许多支系。目前，全世界什叶派穆斯林约有8000多万人。什叶派的信仰与教义主要有：一是伊玛目教义。认为阿里是穆罕默德的合法继承人，是第一位伊玛目，其后只有阿里和法蒂玛的后裔才是合法的伊玛目。伊玛目由安拉任命，谁也无权选举。伊玛目具有超凡的神性和"不谬性"。伊玛目是人与安拉之间的"中保"。只有伊玛目有权解释《古兰经》。二是马赫迪教义。隐遁的伊玛目将在世界末日前再临人世，成为伊斯兰教的马赫迪（救世主），为世人伸张正义，恢复真正的伊斯兰教。三是塔基亚教义。信徒在有危险的时候允许隐讳自己的宗教信仰，但这只是表面上否认之，内心还必须坚持信仰。此外，什叶派教义还承认临时婚姻制度"穆塔尔"。

哈瓦利吉派是中世纪伊斯兰教历史上最早出现的宗教政治派别。"哈瓦利吉"，阿拉伯语意为"出走者"，因其出走后以库法北部的哈鲁拉村为活动基地，又称哈鲁利亚派。是从伊斯兰教第四任哈里发阿里的队伍中分裂出走的一个派别。在宗教教义学说上，哈瓦利吉派是虔诚严格的派别，它与宰德派、穆尔太齐赖派的观点大体相同。该派认为，安拉是独一的，无形无影，无方位；对安拉必须笃信和虔诚，任何怀疑和动摇都是大罪，是叛教者，今世应给予严厉的惩罚，死后将堕入火狱。在信仰与行为的关系上，它强调信仰必须伴以行为，认为穆斯林仅有信仰是不够的，必须以宗教行为表明自己的信仰。认为宗教行为包括履行五项宗教功课、参加圣战和遵守教法教规，强调"礼拜、斋戒、诚实、公正都是信仰的一部分"。同时也严格要求信仰的纯正，认为必须思想纯净、斋戒、礼拜才能有效。该派还规定了苦修和禁欲的有关教规，如禁止烟酒，禁止一切娱乐活动，禁止剃须，禁止哀悼亡人，禁止说谎，禁止与本派以外的人通婚和发生继承关系等。该派在反对哈里发国家统治者的长期斗争中，因遭当局的迫害镇压，被迫分成小股在各地进行活动，其内部在政治、军事和宗教等方面经常产生分歧和矛盾，先后分裂为20多个支派，在教义上各有差别。主要的支派有阿扎里加派、纳吉迪耶派、苏夫里耶派、哈兹米叶派等。

穆尔吉埃派是伊斯兰教早期派别之一。该派对各派在哈里发问题上的分歧不加判断，主张交由安拉末日裁判，因此有犹豫不决派、中庸派之称。该派的主要教义有：一是犯大罪者仍是信士，因为信仰是内心的一种信念，不是言行所能证明，礼拜、封斋也不是信仰的条件；二是不断定基督教、犹太教为不信安拉者；三是奥斯曼是无辜的，杀害他是不义的；四是承认伍麦耶王朝当政者是穆斯林。该派初期只是一个政治派别，后因他们的主张大都与宗教信仰有关，便转而研究教义学问题而成为宗教派别。他们研究的内容有：信仰、悖逆、信士和叛教等。由于该派主张较为宽容温和，在客观上就支持了伍麦耶王朝的统治，曾受到王朝当局的扶持，获得很大发展。

伊斯兰教的主要贡献在于：通过宗教将松散的部落文化联合起来，并通过征战使各个地区的文化得以传播、交流。中国古代的四大发明，印度的阿拉伯数字，西方世界的哲学都由穆斯林的足迹所传播，并由阿拉伯人进行完善、总结、归纳的。伊斯兰教在传播的过程中，穆斯林们在被征服的土地上修建清真寺，建立学校，并确立法律，建立图书馆、天文台和医院，促进了学术文化的发展。伊斯兰教推广阿拉伯语，所以穆斯林的交流变得极为方便，这也加快了文化的交流，经济的发展。全球许多的语言文字都使用阿拉伯文。伊斯兰教打破了狭隘的氏族血缘关系，使得各个民族之间的文明得以快速交流。伊斯兰教的传播打破了狭隘的民族界限，促进了阿拉伯半岛的统一。

经典篇章

《古兰经》节选：

第四章　女（尼萨仪）

这章是麦地那的，全章共计一七六节

奉至仁至慈的真主之名

①众人啊！你们当敬畏你们的主，他从一个人创造你们，他把那个人的配偶造成与他同类的，并且从他们俩创造许多男人和女人。你们当敬畏真主，你们常假借他的名义，而要求相互的权利的主——当尊重血亲。真主确是监视你们的。②你们应当把孤儿的财产交还他们，不要以（你们的）恶劣的（财产），换取（他们的）佳美的（财产），也不要把他们的财产并入你们的财产，而加以吞蚀。这确是大罪。③如果你们恐怕不能公平对待孤儿，那么，你们可以择你们爱悦的女人，各娶两妻、三妻、四妻；如果你们恐怕不能公平地待遇她们，那么，你们只可以各娶一妻，或以你们的女奴为满足。这是更近于公平的。④你们应当把妇女的聘仪，当作一份赠品，交给她们。如果她们心甘愿情地把一部分聘仪让给你们，那么，你

们可以乐意地加以接受和享用。⑤你们的财产，本是真主给你们用来维持生计的，你们不要把它交给愚人，你们当以财产的利润供给他们的衣食。你们当对他们主温和的言语。⑥你们当试验孤儿，直到他们达到适婚年龄；当你们看见他们能处理财产的时候，应当把他们的财产交还他们；不要在他们还没有长大的时候，赶快浪费地消耗他们的财产。富裕的监护人，应当廉洁自持；贫穷的监护人，可以取合理的生活费。你们把他们的财产交还他们的时候，应当请人作见证。真主足为监察者。⑦男子得享受父母和至亲所遗财产的一部分，女子得享受父母和至亲所遗财产的一部分，无论他们所遗财产多寡，各人应得法定的部分。⑧析产的时候，如有亲戚、孤儿、贫民在场，你们当以一部分遗产周济他们，并对他们说温和的言语。⑨假若自己遗下幼弱的后裔，自己就会为他们而忧愁；这等人，应当也为别人的孤儿而忧虑，应当敬畏真主，应当对临终的病人说正当的话。⑩侵吞孤儿的财产的人，只是把火吞在自己的肚腹里，他们将入烈火之中。⑪真主为你们的子女而命令你们。一个男子，得两个女子的分子。如果亡人有两个以上的女子，那么，她们共得遗产的三分之二；如果只有一个女子，那么，她得二分之一。如果亡人有子女，那么，亡人的父母各得遗产的六分之一。如果他没有子女，那么，只有父母承受遗产，那么，他的母亲得三分之一。如果他有几个兄弟姐妹，那么，他母亲得六分之一，这种分配，须在亡人所嘱的遗赠或清偿亡人所欠的债务之后。你们的父母和子女，谁对于你们是更有裨益的，你们不知道，这是从真主降示的定制。真主确是全知的，确是至睿的。⑫如果你们的妻室没有子女，那么，你们得受她们的遗产的二分之一。如果她们有子女，那么，你们得受她们的遗产的四分之一。这种分配须在交付亡人所嘱的遗赠或清偿亡人所欠的债务之后。如果你们没有子女，那么，你们的妻室得你们遗产的四分之一。如果你们有子女，那么，她们得你们遗产的八分之一。这种分配，须在交付亡人所嘱的遗赠或清偿亡人所欠的债务之后。如果被继承的男子或女子，上无父母，下无子女，只有同母异父的更多的兄弟和姐妹，那么，他们和她们，均分遗产的三分之一。这种分配，须在交付亡人所嘱的遗赠或清偿亡人所欠的债务之后，但留遗嘱的时候，不得妨害继承人的权利。这是从真主发出的命令。真主是全知的，是至容的。⑬这些是真主的法度。

谁服从真主和使者，真主将使谁入那下临诸河的乐园，而永居其中。这是伟大的成功。⑭谁违抗真主和使者，并超越他的法度，真主将使谁入火狱，而永居其中，他将受凌辱的刑罚。

第四七章　穆罕默德

这章是麦地那的，全章共计三八节

奉至仁至慈的真主之名

①不信道而且妨碍主道的人们，真主将使他们的善功无效。②信道而行善，且确仰降示穆罕默德的天经者——那部天经是从他们的主降示的真理——真主将赦宥他们的罪恶，改善他们的状况。③那是由于不信道的人们遵守虚伪，而信道的人们遵守从他们的主降示的真理。真主如此为众人设许多譬喻。④你们在战场上遇到不信道者的时候，应当斩杀他们，你们既战胜他们，就应当俘虏他们；以后或释放他们，或准许他们赎身，直到战争放下他的重担。事情就是这样的，假若真主意欲，他必惩治他们；但他命你们抗战，以便他以你们互相考验。为主道而阵亡者，真主绝不枉费他们的善功。⑤他要引导他们，并改善他们的状况。⑥且使他们入乐园——他已为他们说明那乐园了。……⑮敬畏的人们所蒙应许的乐园，其情状是这样的：其中有水河，水质不腐；有乳河，乳味不变；有酒河，饮者称快；有蜜河，蜜质纯洁；他们在乐园中，有各种水果，可以享受；还有从他们的主发出的赦宥。永居乐园者，难道与那永居火狱，常饮沸水，肠寸寸断的人是一样的吗？⑯他们中有些人静听你的演说，等到他们从你的面前出去的时候，他们对有学识者说：“刚才他说些什么？”这等人，真主已封闭他们的心，他们顺从私欲。⑰遵循正道者，真主要更加引导他们，并将敬畏的报酬赏赐他们。⑱他们只等待复活时忽然来临他们，复活时的征候确已来临了。当复活时来临的时候，他们的觉悟，对于他们那里还会有效呢！⑲你应当知道，除真主外，绝无应受崇拜的，你应当为你的过失而求饶，并应当为众信士和众信女而求饶。真主是全知你们的活动和归宿的。……㉕认清正道，然后叛道者，恶魔怂恿他们，并宽慰他们。㉖那是因为他们曾对那些厌恶真主所降示的迹象者说：“对于一部分的事情，我们将顺从你们。”真主知道他们的隐情。㉗当众天神打着他们的脸和背，而使他们死亡的时候，他们将怎么办呢？㉘那是因为他们顺从那触犯真主的事物，

并厌恶他所喜悦的事物，故他使他们的善功无效。㉙难道心中有病的人们以为真主不揭穿他们的怨恨么？㉚假若我意欲，我必定使你知道他们，你必定借他们的仪表而认识他们，你必定从他们口气而认识他们。真主知道你们的善功。㉛我必定要试验你们，直到我认识你们中的奋斗者和坚忍者，我将考核关于你们的工作的报告。㉜不信道，并妨碍主道，且在认识正道后反对使者的人们，绝不能损伤真主一丝毫，他要使他们的善功无效。㉝信道的人们啊！你们应当服从真主，应当服从使者，你们不要使你们的善功无效。㉞不信道、并妨碍主道、死时还不信道的人们，真主绝不赦宥他们。㉟你们不要气馁，不要求和，你们是占优势的，真主是与你们同在的，他绝不使你们的善功无效。㊱今世的生活，只是游戏和娱乐。如果你们信道，并且敬畏他，他要将你们的报酬赏赐你们。他不索取你们的财产。㊲如果他勒索你们的财产，你们就要吝啬，那吝啬要揭穿你们的怨恨。㊳你们这等人啊！有人劝你们为主道而费用，你们中却有吝啬的。吝啬的人自受吝啬之害。真主确是无求的，你们确是有求的。如果你们违背命令，他就要以别的民众代替他们，然后，他们不像你们样。

第八二章　破裂（引斐塔尔）

这章是麦加的，全章共计一九节。

奉至仁至慈的真主之名

①当穹苍破裂的时候，②当众星飘坠的时候，③当海洋混合的时候，④当坟墓被揭开的时候，⑤每个人都知道自己前前后后所做的一切事情。⑥人啊！什么东西引诱你背离了你的仁慈的主呢？⑦他曾创造了你，然后，使你健全，然后，使你均称。⑧他意欲什么型式，就依什么型式而构造你。⑨绝不然，但你们否认报应！⑩你们的上面，确有许多监视者。⑪他们是尊贵的，是记录的。⑫他们知道你们的一切行为。⑬善人们，必在恩泽中。⑭恶人们，必在烈火中。⑮他们将在报应日堕入烈火。⑯他们绝不得离开它。⑰你怎能知道报应日是什么？⑱你怎能知道报应日是什么？⑲在那日，任何人对任何人不能有什么裨益；命令全归真主。

第八四章　绽裂（引史卡格）

这章是麦加的，全章共计二五节。

奉至仁至慈的真主之名

①当天绽裂。②听从主命，而且宜于听从的时候。③当地展开。④并抛其所怀。而且变为空虚。⑤听从主命，而且宜于听从的时候。⑥人啊！你必定勉力工作，直到会见你的主，你将看到自己的劳绩。⑦至于用右手接过功过簿者，⑧将受简易的稽核，⑨而兴高采烈地返于他的家属；⑩至于从背后接受功过簿者，⑪将叫苦连天，⑫入于烈火之中，⑬从前他在家属间原是快乐的，⑭他已猜想他绝不会归于主。⑮不然，他的主，原是鉴察他的。⑯我以晚霞盟誓，⑰以黑夜及其包罗万象的盟誓，⑱以圆满时的月亮盟誓，⑲你们必定遭遇重重的灾难。⑳他们怎能不信道呢？㉑当别人对他们宣读《古兰经》的时候，他们怎么不叩头呢？（此处叩头！）㉒不然，不信道的人们，是否认真理的，㉓真主全知道他们心中隐藏的东西，㉔故你当以一种痛苦的刑罚向他们报喜，㉕惟信道而且行善的人们，将受不断得报酬。

第九一章　太阳（晒姆斯）

这章是麦加的，全章共计十五节。

奉至仁至慈的真主之名

①以太阳及其光辉发誓，②以追随太阳时的月亮发誓，③以揭示太阳时的白昼发誓，④以笼罩太阳时的黑夜发誓，⑤以苍穹及其建筑者发誓，⑥以大地及其铺展者发誓，⑦以灵魂及使它均衡，⑧并启示他善恶者发誓，⑨凡培养自己的性灵者，必定成功；⑩凡戕害自己的性灵者，必定失败。⑪赛莫德人已因过分而否认真理。⑫当时，他们中最薄命者忙上前来，⑬使者就对他们说："你们让真主的母驼自由饮水吧。"⑭但他们否认使者而宰杀母驼，故他们的主因他们的罪过而毁灭他们，使他们普遍受难。⑮他是不顾虑那灾难的后果的。

第九四章　开拓（晒尔哈）

这章是麦加的，全章共计八节。

奉至仁至慈的真主之名

①难道我没有为你而开拓你的胸襟吗？②我卸下了你的重任，③即使你的背担负过重的，④而提高了你的声望，⑤与艰难相伴的，确是容易，⑥与艰难相伴的，确是容易，⑦当你的事务完毕时，⑧你应当勤劳，你应当向你的主恳求。

第八章

托马斯主义

背景链接

托马斯·阿奎那是中世纪最重要的哲学家,托马斯主义不仅是经院哲学的最高成果,也是中世纪神学与哲学的最大、最全面的体系,19世纪末由教皇利奥十三世正式定为罗马教廷的官方哲学。1225年,他生于意大利的洛卡塞卡堡,阿奎那家族是伦巴底望族,与教廷和神圣罗马帝国皇帝都保持着密切关系。托马斯5岁时入修道院,1239年被革除教籍的弗里德利克二世派兵占领并关闭了卡西诺修道院,托马斯进入那不勒斯大学学习。在这里接触到亚里士多德的形而上学、自然哲学与逻辑学著作。1245年他被修会送到巴黎的圣雅克修道院学习,直到1248年。1252年秋托马斯进入巴黎大学神学院学习,1256年春完成学业。从此托马斯正式开始了教学生涯。托马斯的著作卷帙浩繁,总字数在1500万字以上,其中包含着较多哲学观点的著作有:《箴言书注》《论存在与本质》《论自然原理》《论真理》《波埃修<论三位一体>注》,代表作为《反异教大全》《神学大全》。

思想综述

托马斯·阿奎那成功地将基督教的神学思想和亚里士多德的哲学融合在一起,建立起了庞大的经院哲学体系。托马斯的全部理论都是为天主教信条服务的。托马斯·阿奎那运用亚里士多德关于形式和质料的学说,探讨了共相即一般与个别的关系。他认为共相是真实存在的,是独立存在的精神实体。但共相有三种存在方式:它作为神创造事物的原型,存在于神的理智中;它作为神所创造的个别事物的本质,存在于事物中;它作为人对个别事物的抽象概念,存在于人的理智中。这样,共相既独立存在于事物之前，又存在于事物之中和事物之后。托马斯·阿奎那的这种观点称之为温和的实在论。依据亚里士多德的观点，用质料与形式的不同结合来说明物体，并分析物体的四种变化：位置的变化、数量的变化、性质的变化及本体的变化即生成与毁灭。他认为在变化中保持不变的是原始质料，它使一事物与其所演变成的另一事物之间保持连续性。在说明变化的时空范畴时，托马斯·阿奎那认为，时间是物体运动的尺度，位置是物体静止时的局限。他又进一步认为永恒是一种与时间不同的延续，它无始无终，其中也没有事件的时间先后，一切都同时存在。物体之间的不同特性，是由于潜入物体的这种"隐秘的质"所决定的。铜之所以为铜，是因为它里面潜藏着"铜"这种特殊实体，铜之所以能压延，是因为它里面潜藏着"压延性"这种隐秘的质。所以，有多少种物体的特性，就有多少种"隐秘的质"，那就不必深入研究事物内部结构和相互关系了。

阿奎那认为神学是一种科学，以文字记载的经籍和教会传统作为学术的基本资料。而这些基本资料则是来自于上帝在漫长历史中给予人类的启示。信仰和理性虽然是不同的，但却是互相关联的，这两者是研究神学资料的主要工具。阿奎那相信这两者是研究神学所不可或缺的，更确切地说，若要了解有关上帝的知识，信仰和理性的交叉点是必需的。阿奎那混合了希腊哲学和基督教的原则，主张应该理性地思考并研究自然，就如同研究上帝启示的方法一样。依据阿奎那的说法，上帝透过自然给予人类启示，也因此研究自然便是研究上帝。而神学的最终目标，在阿奎那来看，便是要运用理性以理解有关上帝的真相，并且透过真相获得最终的救赎。

他明确提出哲学必须为神学服务，之后，又为上帝存在这一神学最高信条作了哲学的论证。认为应通过上帝的创造物来认识上帝的存在，利用亚里士多德哲学中的目的论的唯心主义思想推论出万物创造者的上帝的存在。托马斯·阿奎那看到世界万物都在运动。我们根据常识知道，一个物体要运动必须要有某种力量推动它，物体是不会自己运动的，除非有什么力量去推动之。也可以这样说，万物都在运动，同时每一运动之物必有其推动者。这我们是可以理解的，因为确实我们看到的任何运动总可以找到一个使之运动的力量。但这时便出现了这样一个问题：假如物体 A 的运动是由 B 引起的，而 B 的运动是由 C 引起的，C 是由 D 引起的，如此推下去，那么最后会是什么样的结果呢？万物虽然很多，但总有一个限止。那么这也就是说，最后我们必然会找到这样一个推动，它是一个推动者，自己却不为任何别的力量或物体所推动。这第一推动，托马斯·阿奎那说，就是上帝。托马斯·阿奎那第二个证明上帝存在的方法是利用原因与结果的证明。宇宙中任何物质肯定存在必有某种原因，可以说宇宙万物组成了一个因果之链，没有任何东西不是这因果之链的一环，就像没有任何孩子真无父亲一样，即使他不知道自己的父亲是谁。这样，物 A 是物 B 的原因，而物 B 又是物 C 的原因，物 C 则是物 D 的原因，如此下去，但是否可以至于无穷呢？当然不！就像推动之链不能至于无穷一样。这也就是说，我们推溯上去必然会找到一个最初的原因，这个最初的原因就是上帝。托马斯·阿奎那的第三个证明方法运用的是可能性和必然性。世间万物虽然存在着，然而他们的存在并非必然的，而只是一种可能性，这就是他这个证明方法的起点。托马斯·阿奎那便问：时间万物都只是可能而非必然，且有生必有死，天之道也，那么有否必然之存在呢？永恒之事物呢？答案是：有的。因为托马斯阿奎那还有一个想法，如果万物只是可能的、暂时的，即他们可以存在，也可以不存在，现在存在，待会儿就不再存在，即一切都会有统归于无的时候，那么就一定会存在某个时候，到那个时候，一切都不再存在了，都归于空无了。反过来也可以说，再逆序上推，也必有一天，那些可能与暂时的事物一个都不存在。到这里，托马斯·阿奎那又提出了一个问题：不存在能产生存在吗？无中能生有吗？答案是：不能！无不能生有，存在不能产生于不存在，以托马斯·阿奎那自己的话来说："如果什么都不存在，某事物开始存在，这是不可能的。"而可有可无的万物已经存在是一个显而易见的事实，所以，在世间可有可无的万物之上，必然存在一个必然之存在。而且这个必然之存在乃是其他一切可能存在之根、之母，是一切可能性得以成为现实的原因。托马斯·阿奎那说，这个必然就是上帝。第四个证明是"事物存在等级的证明"。他看到万物一个更为具体的特征：等级性。万物，从无生命的金木水火土，到有生命但不能走不能叫的植物，到能走能叫但不能说的动物，直到能走能说话的人，明显地形成了一个等级结构。他们有好坏美丑之分，有高级低级之别。这样托马斯·阿奎那就自然而然地问：那么，是否有一个最美、最纯、最高级的存在呢？答案是：有的。这个最美、最纯、最高级的存在就是上帝。如果说存在物的等级结构类似金字塔的话，那么这个上帝就是金字塔的顶尖。托马斯·阿奎那发现世间万物虽然看上去错综复杂，但似乎都有某个目的，就像地球绕着太阳转一样，万物也围绕着这个目的行事。仿佛它们是有眼睛有智慧的一样。但我们同时也知道，万物，除了人，当然是没有多大智慧的，特别是花草、树木、石头这些东西，更是感觉、智慧都没有，他们自己是不可能有这个目的的。那么是什么令他们看起来像有目的似的生存、运动着呢？那就是上帝。

阿奎那主张上帝是完美又完整的，而且也可以三位一体概念完整解释。这三个不同的位格（圣父、圣子、圣灵）由他们与上帝的联系所构成一体。圣父借由自我意识的联系产生圣子，而圣子接着又产生永恒的圣灵，圣灵"拥有神授的爱戴上帝、爱戴圣天父的本质"。三位一体的存在并不与现实世界分割，相反的，三位一体的存在便是用于传递上帝的启示以及美德给人类。而这种传递则是透过化身而成的耶稣基督以及透过内心的圣灵（三位一体本身的精髓），并且由那些有被上帝救赎经验的人所进行。阿奎那也讨论到了耶稣基督，他首先讲述了圣经里亚当和夏娃的故事，并且描述人类原罪的负面结果。耶稣基督化身的目的是为了恢复人类的本质，协助人类移除他们身上"原罪的污染"。"神圣的智慧认为上帝应该化身为人，以这个单一而相同的化身改变人们并且提供救赎。"阿奎那指出耶稣是真的出自神授的，而不只是一个凡人。不过，阿奎那也曾主张耶稣具有一个真正的（理性的）人类灵魂。这个说法使得耶稣有了双重的本质，也使阿奎那与阿利乌的理论产生矛盾。

阿奎那使心理学与神学和纯粹哲学和谐相处了。他主要是在《人类论》《人类行为论》和《习性论》这三篇专题论文中做到这一点的。在论及感觉时，阿奎那讨论了五种外部感官，再加上"常识"感觉（这是亚里士多德的概念）。通过这五种感官，感觉到的一些材料是从同一个物体上得来的。他以多少带有亚里士多德风格的方式细分了心灵的各种功能，把它们分为"生长性的"（其自行调节的身体功能），"有感知力的"（感觉、胃口、运动）和"理性的"（记忆、想象和理智或者智力）。可是，他极度地夸大了"哲学家"的一个建议，说有两种智力。第一种智力的功能，或者"可能智力"，是理解、判断和就我们的感觉进行推理；第二种智力的功能，或者"代行智力"，是要从我们的感觉中抽取思想或者概念，并通过信仰来了解其他的一些真理，比如不能通过推理得知的三位一体的神秘性。阿奎那没有提供经验证据来证明两种不同的智力的存在，他的结论是以逻辑和教理合并而成。因为，不管灵魂里面是什么东西，它都会关系到身体的感觉、感知和情绪。不管是什么，只要它是灵魂——肉体在有生命的期间的一部分，它就不能够在死后仍然存在。可灵魂却会存在下去，因为教理是这么说的。它一定就是灵魂——肉体这个单元传递更高和永恒知识的那一部分，因此也是永生的，这就是代行智力。阿奎那因此就调和了亚里士多德的心理学和基督教教理，因为亚里士多德心理学不允许个人死后还有生命存在的说法，而基督教教理却坚持认为这是铁定的事情。然而，为了让容易消逝的"可能智力"成为一种我们可以通过它来创造思想的机制，他从自己的心理学中排斥走了神秘柏拉图主义关于天生思想的说教。他跟亚里士多德站在一起，认为婴儿的意识就是白板一张，它具有从经验中抽取思想的能力。他区分了从肉欲中产生的欲望和从性情暴躁中产生的欲望。阿奎那通过定义、演绎和常识来组织材料，其概要如下：当肉欲是因一件好事而起时，我们会感到像爱、欲望和欢乐这样一些情绪；当它是因为一件邪恶的事情而起时，则我们会感到仇恨、厌恶和悲伤。当性情上的欲望被很难得到的好的事情唤起时，我们会感到希望或者绝望；当被一件邪恶的事情唤起时，则会有勇气、恐惧或者愤怒。

托马斯·阿奎那在基督教教义基础上改造了亚里士多德的伦理学说，从而把奥古斯丁以来的神学伦理思想，发展成为完整的理论体系。托马斯·阿奎那从神性出发，认为人的本质是由形式和质料结合而成的肉体和精神的统一体，人除了有理性认识能力以外，还有自我保存、生长欲求和意志活动的能力，而人的行为、活动则有趋乐避苦的自然倾向。在他看来，人的一切德行都是人本性中的自然倾向的表现，这种自然倾向的根源在于上帝赋予人类内心的一种行善避恶的道德自然律，道德就是理性创造物向着上帝的运动，达到与上帝的融合。上帝就是道德价值的标准。托马斯·阿奎那一方面强调理性高于意志，同时又肯定感性欲望的合自然性。他把德性分为实践的德性、理智的德性和神性的德性，前两者统属于自然的、世俗的道德，后者属于超自然的、神学的道德。他认为，实践的德性和理智的德性相结合就能使人达到德性的完善，获得审慎、节制、刚毅和正义的美德。但他又认为，要达到至善的目的，还必须要有属于神学道德的神性的德性。这种神性的德性就是对上帝的热爱、信仰和服从，它不能靠理性能力获得，而必须依靠上帝的启示和恩典。他指出，自然的道德生活可以使人得到尘世的幸福，但这种幸福是暂时的、虚幻的，只有神性的德性生活，才能使人换得永恒的、真正的幸福，即来世的天国幸福。在他看来，幸福不是美德本身，而是美德的最终报酬，它在本质上是对人类本性能力以外的上帝抱有无限的希望。托马斯·阿奎那承认人有自由意志，但他只是承认在日常生活范围内的自由，而在道德领域，他坚持个人的意志必须服从上帝规定的道德律即"上帝法"。他强调，个人必须抛弃尘世的欲望，自甘贫困，寄希望于来世。同样，社会的秩序，人与人的关系，也必须遵循上帝的目的，按照严格的教阶和封建等级阶梯，严格服从封建教会和国家的利益。托马斯·阿奎那的伦理思想是中世纪神学伦理思想的完备形态，在西方社会中有着深远的影响。文艺复兴运动以来，近代资产阶级的伦理学说对它进行了猛烈的批判，但它的影响并未完全消失，在现代又以某种新的面目出现（新托马斯主义伦理学）。

在政治观方面，托马斯·阿奎那将整个宇宙看成是一个有条不紊的等级体系，并归之为上帝的意志。在这个等级体系中，最高级者是上帝，其次是天使。天使之下是人，而人与人之间有性别的区别、年龄的不同，在灵魂上和肉体上完善的程度也不同，一些人在正义和知识方面比另一些人强。人之下是动物，动物之下是"植物和其他一切无知识的东西"。这样，阿奎那的等级体系十分清晰：上帝—天使—人—动物—植物和其他一切无知识的东西。阿奎那认为，上帝建立这一等级体系。首先，上帝使宇宙间各事物之间有区别。其次，上帝使低级的事物服从于高级的事物。在国家起源的问题上，阿奎那受亚里士多德的影响甚大。首先，他认为国家是出于人的天然的结合。阿奎那把人视为社会的、政治的动物。他在《论君主政治》一文中指出，如果人类可以独立生活，那么他就不需要统治者，他自己就是自己的君主，可以按照上帝给他的理性统驭自己的行为，但这是不可能的，因为人类是社会的动物。人类没有野兽那么大的体力，没有动物的牙齿爪角，以及逃避的速度等，所以他们必须结成社会才能生存。虽然人类没有动物那么大的体力，但上帝赋予人类理性和语言，因此人类可以彼此沟通、互相帮助。既然人们注定要生活在一起，那就必然组成社会，"在这样的社会中间，有着不同种类和等级，其中最高的是政治社会"。阿奎那所说的政治社会指的是国家。其次，阿奎那和亚里士多德一样，认为国家的存在是为了大家可以达到更好的生活。阿奎那认为人的结合出于人的理性，但人的理性是上帝赋予的，他解释说，一个人的为人如何，以及他享有什么东西或能够有什么成就，都必须与上帝发生某种关系。至于国家的统治权，亦是上帝赋予的。因此，在阿奎那看来，国家的形成归根结底是上帝的意志。阿奎那乃是在神意的前提下吸收了亚里士多德关于国家在家庭的基础上自然发生的说法。关于君主，阿奎那认为，一个君主应当体会到，他对他的国家已经担负起类似灵魂对肉体，上帝对宇宙的那种职责。他一方面认为君主的权力来自上帝，君主是上帝的仆人；另一方面又要求君主爱护臣民。贤明的君主可以得到上帝的奖赏，对于臣民来说，阿奎那认为对君主（哪怕是暴君）的服从是他们的责任。阿奎那在神意的前提下吸收了亚里士多德关于国家的某些思想。他虽然把国家看成是人性的产物，但最终还是把它归结到上帝这一最高点上。关于国家的目的也是如此，一方面，他认为国家的目的在于生活的美满；另一方面，他指出，这一目的并非人类的最高目的，人类的最终目的是"享受上帝的快乐"，而这一目的必须依靠神恩，并非世俗政权所能达之。

关于法的概念，阿奎那给法律所下的定义如下："法是人们赖以导致某些行动和不作其他一些行动的行动准则或尺度。""是人们对于种种有关公共幸福的事项的合理安排，由任何负有管理社会之责的人予以公布。"阿奎那指出，人类行动的准则和尺度就是理性，理性是人类行动的第一原理，因此，法律是属于理性的某种东西。同时，阿奎那也承认法是意志的体现，人们为了公共的幸福而禁止某种行为，允许某种行为，规定了行动的准则或尺度，并由负责管理社会的人予以公布。阿奎那关于法是人们行为的准则或尺度的论断对后世法学理论的影响甚大。关于法的分类，阿奎那把法分为四种：永恒法、自然法、神法、人法。永恒法即上帝的理性。阿奎那认为整个宇宙是由上帝的理性支配的，上帝对于被创造物的合理领导具有法律的性质，这种法律就是永恒法。永恒法起源于上帝的智慧。阿奎那认为上帝通过其智慧创造了万物，并且以其智慧支配万物。自然法即理性动物所分享的永恒法。阿奎那认为理性的动物以一种非常特殊的方式受上帝的支配，他们既然支配着自己的行动和其他动物的行动，那就变成上帝意志的参与者，在某种程度上，他们分享了上帝的智慧，因此，自然法即永恒法对理性动物的关系。神法即神的启示。这是上帝给人的礼物，能起纠正自然法和人法的缺陷的作用。阿奎那认为，除了自然法和人法之外，还必须有一项神法来指导人类生活。人法即人们行为的准则。它是根据理性制定的法律，是在自然法原则的基础上制定的。人法从属于自然法，它分为市民法和万民法。阿奎那把人法置于神法之下，其理由如下：第一，神法和自然法都来自上帝理智的愿望，人法则来自受理性支配的人的意志。在阿奎那看来，法律都来自上帝，只是人法间接来自上帝，而神法直接来自上帝。第二，人法不能阻止一切恶。第三，人法有可能是错的，而神法不会错。第四，人法的目的只是维护世俗国家的安宁，神法的目的则是人类永恒的幸福。

经典篇章

《神学大全》节选：

关于上帝存在问题，可以提出三个问案：（1）上帝存在是否直接自明；（2）上帝存在是否能以表证；（3）上帝果否存在。

第一款　上帝存在是否直接自明

我们试推论第一款如次：

一、上帝存在似乎是自明的。事物之得称为自明，是由于该事物的知识固有在我们心中，有一些自明的原则是如此。大马色人约翰说，"上帝存在的知识是一切世人天生具有的。"所以上帝存在是直接自明的。

二、再者，如哲学家论到表证的根本原则所说，凡事因一旦其名词被知而得以认知者，即是自明的。例如，我们一经知道何为全体，何谓部分，便即知任何全体大于其部分。那么，当我们了解"上帝"一词的意义时，我们便即了解上帝是存在了。因为"上帝"一词意味着"再没有别的东西能被想象为更伟大的"，那么，凡真实存在者必大于只存在于思想中者。因此，既然"上帝"这一词一旦被了解，上帝就存在于理智之中，可见上帝亦即真实存在。所以上帝存在是自明的。

三、还有，真理的存在是自明的。因为若有人否认真理之存在，他即是肯定"真理不存在"。因为若是真理果不存在的话，则"真理不存在"这事是真的了，而若有任何事是真的，真理就是存在了。照《约翰福音》所说"我是道路，真理，生命"，上帝即是真理本身。可见上帝存在是自明的。可是另一方面，凡是自明的，其反面是不可想象的，正如哲学家在研究表证法之原则时所说明的。但"上帝存在"的反而是能以想象的，这可依《诗篇》"愚顽人心里说：没有上帝"一语为据。可见上帝存在并不是自明的。

我今置答：一事之自明可有二途。一是它在本身自明，却不对我们而自明。另一是它在本身和对我们两皆自明。一个命题中的说明语若包含在它主语的意义内，这命题便是自明的。例如，"人是动物"这一命题是自明的，因为"动物"含在"人"的意义之中。所以倘若说明语和主语为人人所知，即命题对谁都是自明的了。关于表证法的根本原则，情形显然如此，因为它们的用词都是人尽皆知的普遍语，类如实有、非有、全体、部分等等。可是若有些人不知道某命题的说明语和主语，则该命题尽管在其本身为自明，而对他们将并不自明。因而波依丢斯说："某些普遍概念可能只对智者是自明的，例如无形之物不在空间上的概念。"那么，我说，"上帝存在"这一命题是本身自明的，为了它的说明语即同于它的主语。因为上帝即是他的存在，如我们将在第三问第四款里所表明的。然而由于我们并不知道上帝究竟是什么，因而这命题对我们不是自明的，却是必藉主词所指的对象是具有客观的存在，而不仅仅存在于思想之中。我们也不能论证上帝真实客体存在，除非承认"那比这不能两样想象到更伟大东西的"真是存在的；而这是那些不以为上帝有存在的人所不承认的。答第三点：一般地来说，真理存在一事是自明的。然而第一真理的存在，这就我们而言，不属自明的。

上帝的存在是否能作表证

我们试推论第二款如下：

一、上帝的存在似乎不能表证。上帝的存在是属于信条的一项。而心属于信仰上的事是不能表证的，因为表证是在认知一件事物，但使徒明说信仰所指的是"未见之事"。上帝的成果而得证明，这成果虽就自然而言，是属次要的自明，但就我们而言是更可知道的。

答第一点：上帝存在的知识，虽然固具在人心中，但只是一种广泛的，而或含混的样子，因为虽然上帝是人的终极幸福，而人天生企求幸福，并无当然知道他所企求，可是这不算做上帝存在的绝对知识。例如我们可能知某人会来，却不知彼得会来，即使来者确实是彼得。两样有许多人认为富有是人的全好，是他的幸福；也有人认为愉快是人的全好，另有人又想到别的。答第二点：听到"上帝"一词的人可能并不理解这是意味着"再没有别的能被想象为更伟大的"，因为有人以为上帝只是一个物体。然而，即使人确实理解这词有那种意味，也不见得就理解这可见上帝的存在是不能表证的。

二、再者，为了表证某命题的存在，就必知道它是什么。但如大马色人约翰（《正统信仰》一卷四章）所说，我们不能知道上帝是什么，只能知道他不是什么。可见上帝的存在是不能表证的。

三、还有，上帝的存在只能从他的功果而表明。然而他的功果与他本身，二者不能相比的，因为上帝是无限的，而他的功果都是有限的，有限当然与无限不相比。一个原因不能从一个与它不相比的结果而得表明。可见上帝的存在是不能表证的。可是另一方面，使徒在《罗马书》里说："上帝……是明明可知的，虽是眼不能见，但借着所造之物就可以晓得。"然而，若是上帝的存在不能从所造之物而表证，这事就不可能了。因为关于任何事所必理解的第一件，就是它是否存在。

我今置答：表证有两种。一是由原因出发，即所谓"先天"的，这种论证就是靠那在本质上是首先的。另一种是由结果出发，即所谓"后天"的，而这只就我们而言是首先的。当一结果比其原因更对我们为清显时，我们便借果以知因。若是任何结果更为我们所知，我们便能借它来推证其原因存在，因为结果总要依靠原因，而若结果存在，则必有原因存在。我们对于上帝，就能借他的结果而知他的存在，即使我们并不知道他的本质。

答第一点：上帝的存在，以及其他能借自然理性而认知的事，如《罗马书》一章所肯定的，并不足以成为信条，而只是信条的前奏。自然知识为信仰的先驱，正如自然为神恩的先驱，及能被成全者为完全的先驱一样。不过，那在本身可表证而可认知的事，为那些不能理解它的表证之人借着信仰来接受，也非不可能。答第二点：当一原因借其结果而得推证时，我们为了证明原因的存在，必然利用结果以代替原因的定义。关于上帝的情形尤其如此，因为在证明某物存在上，我们所接受为表证的媒介的，必是名称的意义，而不是那物的本质，因为一个事物究竟是什么的问题，必定跟着它的存在问题而至。既然上帝的名称是由他的功果演绎而来，如在下面第十三问第一款所表明的，那么，我们何妨利用这"上帝"一名作为媒介，来从他的结果推演他的存在。答第三点：凡与其原因不相比的结果，当然不以供给我们对这原因的清楚知识。不过，如已说过的，我们能从任何结果推证其原因的存在。这样，即使我们不能借由上帝的结果完全知道他的本质，但我们从这结果证明他的存在。

第三款上帝是否存在

我们试推论第三款如下：

一、上帝似乎并不存在，因为倘若两个反对命题中之一是无限性的，另一个必被全然排弃。"上帝"一名的意义是指无限的善。所以上帝倘若存在，则宇宙便没有所谓恶了。然而这世界分明有恶，可见上帝并不存在。

二、再者，凡为比较少数原则所能说明的事物，就不必归诸较多数的原则。那么，若我们设想上帝没有存在，我们还似乎能借其他原则来说明我们所见在这世上的一切，将所有自然事象归给自然，作为它们的原则，而将目的事态归之于人间理性或意志。这样，我们就不需要假定上帝存在。

可是另一方面，在《出埃及记》里，上帝亲自说着，"我是自有本有的。"

我今置答，上帝的存在能有五种证明。第一个亦是最清楚明白的证据，是从运动来的。这世界里有着事物的运动，是确实而且符合于感觉经验的。而凡有运动的事物，必被其他事物所推动，因为若不是有被推动的可能，则无物能为运动，而推动者有运动则是现实的。所谓运动，实不外乎运动某物由可能性至现实性，而一物之得由运动的可能变为有运动的现实，则非顿有现实运动的某物不可。例如，现实灼热的火，足以使木头由可能的热成为现实的热，就是把它推动和改变了。但同一物不可能在同一局面上兼具现实的和可能的，只可以在不同局面上兼具这两者。现实热的东西不能同时亦是可能的热，却可以有可能的冷。所以任何事物绝不可能在同一局面，同一方式上，兼为能动者和被动者，它也不可能是自动者。因此凡运动的事物，必须给别的事物所推动，那么，倘若把甲推动的乙也是运动的，（那么乙也）必是被丙所动，丙又被丁所动。然而这不能永远推至无穷，因为如此无尽地推上去，就不会有第一推动者，随而也就没有一切其他推动者了。须知，若非有第一推动者，便没有第二推动者，等于若没有手动杖，就没有杖能动。所以，我们不得不到达一个不为别物所动的第一主动者；而这就是人人所了解的上帝。

第九章

哥白尼的"日心说"

背景链接

尼古拉·哥白尼，波兰伟大的天文学家。出生于波兰维斯杜拉河畔的托兰市的一个富裕家庭。年轻时就读于克莱考大学，学习期间对天文学产生了兴趣。20多岁时他去意大利留学，在博洛尼亚大学和帕迪尔大学攻读法律和医学，后来在费拉拉大学获得宗教法博士学位。哥白尼成年的大部分时间是在费劳恩译格大教堂任职当一名教士。他大约在40岁时开始在朋友中散发一份简短的手稿，初步阐述了他自己有关日心说的看法。哥白尼经过长年的观察和计算终于完成了他的伟大著作《天体运行论》。他以惊人的天才和勇气揭开了宇宙的秘密，奠定了近代天文学的基础。

1533年，60岁的哥白尼在罗马做了一系列的讲演，提出了他的学说的要点，并未遭到教皇的反对。但是他却害怕教会反对，甚至在他的书完稿后，还是迟迟不敢发表。直到在他临近古稀之年才终于决定将它出版。1543年5月24日去世的那一天，才收到出版商寄来的一部他写的书。

思想综述

哥白尼的"日心说"发表之前，"地心说"在中世纪的欧洲一直居于统治地位。自古以来，人类就对宇宙的结构不断地进行着思考，早在古希腊时代就有哲学家提出了地球在运动的主张，只是当时缺乏依据，因此没有得到人们的认可。在古代欧洲，亚里士多德和托勒密主张"地心说"。地心说是世界上第一个行星体系模型。地心说承认地球是"球形"的，并把行星从恒星中区别出来，着眼于探索和揭示行星的运动规律。托勒密认为，地球静止不动地坐镇宇宙的中心，所有的天体，包括太阳在内，都围绕地球运转。但是，人们在观测中，发现天体的运行有一种忽前忽后、时快时慢的现象。为了解释忽前忽后的现象，托勒密说，环绕地球作均衡运动的，并不是天体本身，而是天体运动的圆轮中心。他把环绕地球的圆轮叫做"均轮"，较小的圆轮叫做"本轮"。为了解释时快时慢的现象，他又在主要的"本轮"之外，增加一些辅助的"本轮"，还采用了"虚轮"的说法，这样就可以使"本轮"中心的不均衡的运动，从"虚轮"的中心看来仿佛是"均衡"的。托勒密就这样对古代的观测资料作出了牵强附会的解释。但是在以后的许多世纪里，大量的观测资料累积起来了，只用托勒密的"本轮"不足以解释天体的运行，这就需要增添数量越来越多的"本轮"。后代的学者致力于这种"修补"工作，使托勒密的体系变得越来越复杂，而对天文学的研究也就一直停留在这个水平上。"地球是宇宙的中心"的说法，正好是"神学家的天空"的基础。中世纪的神学家吹捧托勒密的结论，却隐瞒了托勒密的方法论：托勒密建立了天才的数学理论，企图凭人类的智慧，用观测、演算和推理的方法，去发现天体运行的原因和规律，这正是托勒密学说中富有生命力的部分。因此，尽管托勒密的"地球中心学说"和神学家的宇宙观不谋而合，但是两者是有本质区别的，一个是科学上的错误结论，一个是愚弄人类、妄图使封建统治万古不变的弥天大谎。哥白尼对此作出正确的评价，他说："应该把自己的箭射向托勒密的同一个方向，只是弓和箭的质料要和他完全两样。"

哥白尼曾十分勤奋地钻研过托勒密的著作，看出了托勒密的错误结论和科学方法之间的矛盾。哥白尼认识到，天文学的发展要发现宇宙结构的新学说。哥白尼的观测工作在克拉科夫大学时就有了良好的开端。他曾利用著名的占星家玛尔卿·布利查赠送给学校的"捕星器"和"三弧仪"观测过月食，研究过浩瀚无边的星空。他在意大利北部的波伦亚大学学习"教会法"，同时努力钻研天文学。

《天体运行论》是一部长达6卷的巨著。第一卷鸟瞰式地介绍了宇宙的结构。在论证的开始，哥白尼列举了许多观测资料来证明地球是圆形的。接着他指出了地球呈圆状的理由。他说："所有的物体都倾向于将自己凝聚成为这种球状，正如同一滴水或一滴其他的流体一样，总是极力将自己形成一个独立的整体。""物体呈球状的原因在于它的重量，即在于物体的微粒或者说原子的一种自然倾向，要把自己凝聚成一个整体，并收缩成球状。"第二卷介绍了有关的数学原理，其中平面三角和球面三角的演算方法都是哥白尼首创的。这里陈述了三角形的规则，即从三角形的已知某些边和角去推算其他边和角的规则。这包括了三边是直线的平面三角形和三边是球面上圆弧做成的球面三角形。第三卷是恒星表，第四卷是介绍地球的绕轴运行和周年运行。第五卷论述了地球的卫星——月球。哥白尼非常重视研究月球，特别是月食。他认为在月食的时候，人们可以从月球、地球和太阳的相对位置，得到关于宇宙的真实结构的暗示。"因为，当宇宙别的部分都是澄明的和充满日光的时候，所谓黑夜就不是什么别的东西，而只是地球本身的阴影。这个阴影形成一个圆锥形，尾端尖削。月亮一接触到这个阴影，就会失去光泽，而当它出现在阴影正中央时，它的位置正好和太阳相对。"他的最后一卷准备写关于行星运行的理论。从内容来说，主要有4个要点：一是地球是运动的。它并非是一个静止天体，也并非在宇宙中心。它只是个普通行星，一面自西向东自转，一面又围绕太阳这个中心天体做公转运动，因此地球上才有每日昼夜以及一年四季的更替。二是月亮是地球的卫星。哥白尼认为月亮离地球最近，并且是不可分开的，有如侍卫一样。地球带着月亮，沿着固定轨道绕着太阳运行。三是太阳是宇宙的中心。也就是此书中的"太阳中心说"。哥白尼认为太阳是宇宙之灯、宇宙之心。地球连同水、金、火、木、土等行星都是绕着太阳运转。四是天体的排列有一定的顺序，而天体的运动也有一定规律的。按照哥白尼的结论，已发现的五大行星中，水星离太阳最近，土星离太阳最远，而比这个更要远的就是恒星天球，这个恒星天球在所有行星最外边的"天层"。这"天层"包罗一切，只有这个才是不动的。这就完整地提出了太阳结构的理论——太阳中心学说：太阳居于宇宙的中心静止不动，而包括地球在内的行星都绕太阳转动。离太阳最近的是水星，其次是金星、地球、火星、木星和土星。只有月球绕地球转动。恒星则在离太阳很远的一个天球上静止不动。

　　日心说把宇宙的中心从地球挪向太阳，这看上去似乎很简单，实际上却是一项非凡的创举。哥白尼依据大量精确的观测材料，运用当时正在发展中的三角学的成就，分析了行星、太阳、地球之间的关系，计算了行星轨道的相对大小和倾角等，"安排"出一个比较和谐而有秩序的太阳系。

这比起已经加到 80 余个圈的地心说，不仅在结构上优美和谐得多，而且计算简单。更重要的是，哥白尼的计算与实际观测资料能更好地吻合。因此，日心说最终代替了地心说。

意大利哲学家布鲁诺，是哥白尼学说的信奉者和宣扬者。布鲁诺曾先后到过欧洲十几座著名的城市，宣传哥白尼的理论，借以打击神学的世界观。布鲁诺联系古代唯物主义者学说，到处宣传哥白尼的革命理论，而且在宇宙的无限性和运动的永恒性方面发展了哥白尼的学说。他认为宇宙在时间上和空间上是无限的和永恒的，宇宙没有中心，太阳系只是其中的一个天体系统，恒星之间有着极大的距离，他们散布在无限的宇宙之中，以它们为中心，存在着无数像太阳系一样的体系。他还预见到，太阳围绕着它自己的轴转动，太阳系的行星数量不止已知的那些，地球的两极呈扁平状等。布鲁诺也是近代科学的殉道者，他认为，为了追求真理和美好的事物，应该具有牺牲精神，如果本人在追求真理过程中遭受危难和不幸，从永恒的观点来看，可以被认为是善事或引向善的先导。1600 年他被烧死在罗马鲜花广场。

约翰·开普勒和伽利略·伽利雷证明了哥白尼是正确的。伽利略是哥白尼学说的热心提倡者，他设法根据自己用望远镜所做出的发现来证实哥白尼学说。开普勒也是哥白尼的一位信徒，尽管他最终放弃了除两条最普遍的哥白尼公理以外的所有哥白尼学说，这两条公理是：太阳是静止不动的；地球不仅要进行自转，而且还要进行公转。为了取代《天体运行论》的复杂方法，开普勒提出了一种既新颖又完全不同的论述宇宙的天文学体系，直到今天，这种体系基本上仍为人们所承认。

开普勒致力于行星动力学（即对致使行星运动的作用的分析）和一种以物理学的各种因素而不是以运动学的教条为基础的天文学的研究工作。开普勒要找出运动真正的物理原因，亦即运动的理由。因为他认为，太阳是这里所说的动力的中心，太阳肯定位于宇宙的中心。因此，真正的太阳——而不是哥白尼的"平太阳"——位于所有行星轨道平面共同的交叉点。经过一番辛苦的努力他发现，每一颗行星都是在呈椭圆形的、简单凸曲线的轨道上运动。对大多数行星而言（水星除外），其椭圆形轨道的形状与纯圆形相差不大，但是，太阳并非位处中心，甚至不是处在接近中心的位置上；情况很像是这样，有一个圆形轨道（或者说，准圆形的椭圆轨道），而太阳明显地不在它的中心上（或者说是偏离中心的）。开普勒还发现，行星沿着椭圆轨道的运动，并非是匀速的，而是直接与面积定律相吻合的。这个定律同时解释了为什么每个行星在近日点（或在靠近太阳的轨道上）运动得很快，而在远日点（远离太阳的地方）却运动得很慢。开普勒提出了以下新的基本原理：空间是各向同性的，空间是不分等级的，并不存在什么自然位置，而且，物质是惰性的。在提出新的原理时，他揭示出了哥白尼思想所暗示的东西，即地球本身以及月球和其他行星都属于同一物理学的研究范畴。

比任何人都先提倡新的实验科学技术的科学家，就是伽利略。伽利略首次公开展示他的富有革命性的科学是在 1610 年，当时，他发表了用望远镜探索天空所取得的最初一部分成果。他的望远镜不仅展示了有关太阳、地球以及行星这些以前已为人知的天体的一些新的消息，而且在可视的范围内向人们展现出了用肉眼从未看到过的大量的恒星（和卫星）。伽利略的发现，以及其他人的发现，首次向所有人说明了天空是什么样。金星的位相，如果与行星的表现尺寸联系起来，就能证明金星轨道所环绕的是太阳而不是地球，并由此证明托勒密是错的。所有这些发现都是与哥白尼的这一命题相一致的：地球只不过是另一个行星；也就是说，所有的发现表明，地球更像是个行星而不像是与行星不同的东西。伽利略因此立即证明，他业已说明了哥白尼体系的正确性。这些发现使观测天文学发生了革命性转变，并且从根本上使哥白尼天文学讨论的层次发生了变化。在 1610 年以前，哥白尼体系可能看起来是一种思想实验，一种假设的计算系统，对那些否认地球看上去像是一颗行星的人来讲，它是某种在哲学上荒诞不经的东西。在 1610 年革命发生并产生了成果后，科学家能够（并且确实）证明，地球与其他行星实在相似，而且理应有同样的运动。哥白尼非常正确地指出，地球只不过是"另一颗行星"。要想否认这种新的在经验上得到了修正的哥白尼学说，只有拒绝用望远镜去观察，或者断言，通过望远镜所看到的肯定是一种光学假象或是望远镜的透镜所产生的一种畸变，而不是行星的真面目。一些非常明智的哲学家都采取了这一态度，这一事实表明，在当时，以经验证据为基础来认识大自然是一种多么激进多么富有创新性之举。

经典篇章

《天体运行论》节选：

首先，我们应当指出，宇宙是球形的。这要么是因为在一切形状中球是最完美的，它不需要接口，并且是一个既不能增又不能减的全整体；要么是因为它是一切形状中容积最大的，最宜于包罗一切事物；甚至还因为宇宙的个别部分（我指的是太阳、月球、行星和恒星）看起来都呈这种图形；乃至为万物都趋向于由这种边界所包围，就像单独的水滴和其他液体那样。因此，谁也不会怀疑，对神赐的物体也应当赋予这种形状。

大地也是球形的，因为它从各个方向向中心挤压。可是由于有高山和深谷，人们没有立即认出大地是一个完整的球体。但是山和谷不会使大地的整个球形有多大改变，这一点可以说明如下。对于一个从任何地方向北走的旅行者来说，周日旋转的天极渐渐升高，而与之相对的极以同样数量降低。在北天的星星大都不下落，而在南面的一些星永不升起。在意大利看不到老人星，在埃及却能看见它。在意大利可以看见波江座南部诸星，而在我们这里较冷地区就看不到。相反，对一个向南行的旅行者来说，这些星在天上升高，而在我们这儿看来很高的星就往下沉。进一步说，天极的高度变化与我们在地上所走的路程成正比。除非大地呈球形，情况就不会如此。由此可见，大地同样是局限在两极之间，因此也是球形的。还应谈到，东边的居民看不见在我们这里傍晚发生的日月食，西边的居民也看不到早晨的日月食；至于中午的日月食，住在我们东边的人看起来比我们要晚一些，而西边的人早一些。……

按前面所述，否认地球运动是没有道理的。我认为我们现在还应当考虑，是否有几种运动都适合于地球，于是可以把地球看成一颗行星。行星目视的非均匀运动以及它们与地球距离的变化，都表明地球并不是一切运转的中心。上述现象不能用以地球为中心的同心圆周运动来解释。因为有许多中心，进一步提出这样的问题就是意料中事了：宇宙的中心是否与地球的重心或别的某一点相合？我个人相信，重力不是别的，而是神圣的造物主在各个部分中所注入的一种自然意志，要使它们结合成统一的球体。我们可以假定，太阳、月亮和其他明亮的行星都有这种动力，而在其作用下它们都保持球形。可是它们以各种不同的方式在轨道上运转。如果地球也按别的方式运动，譬如说绕一个中心转动，那么它的附加运动必然也会在它外面的许多天体上反映出来。周年运转就属于这些运动。如果这从一种太阳运动转换为一种地球运动，而认为太阳静止不动，则黄道各宫和恒星都会以相同方式在早晨和晚上显现出东升西落。还有，行星的留、逆行以及重新顺行都可认为不是行星的运动，而是通过行星所表现出来的地球运动。最后，我们认识到太阳位于宇宙的中心。正如人们所说，只要"睁开双眼"，正视事实，行星依次运行的规律以及整个宇宙的和谐，都使我们能够阐明这一切事实。

……因此需要有第三种运动，即倾角的运动。这也是一种周年旋转，但它循与黄道十二宫相反的次序，即在与地心运动相反的方向上运行。这两种运动的方向相反，周期几乎相等。结果是地球的自转轴和赤道（赤道是地球上最大的纬度圈）几乎都指向天球的同一部分，它们似乎是固定不动的。与此同时，太阳看起来是沿黄道在倾斜的方向上运动。这似乎是绕地心（它俨然是宇宙中心）的运动。这时必须记住，相对于恒星天球来说，日地距离可以忽略不计。因为这些事情最好用图形而不是语言来说明，让我们画一个圆 ABCD 来代表地心在黄道面上周年运转的轨迹。令圆心附近的 E 点为太阳。我画直径 AEC 和 BED 把这个圆周分为 4 部分。令 A 表示巨蟹宫的第一点。B、C 和 D 各为天秤宫、摩羯宫和白羊宫的第一点。现在让我们假设地心原来在 A。我在 A 点附近画出地球赤道 FGHI。它和黄道不在同一平面上。直径 GAI 是赤道面与黄道面的交线。画出与 GAI 垂直的直径 FAH，F 是赤道上最偏南的一点，H 为最偏北的一点。在上述情况下，地球上的居民将会看见在圆心 E 附近的太阳在冬至时位于摩羯宫。这是因为赤道上最偏北的 H 点朝向太阳。由于赤道与直线 AE 有一个倾角，周日自转描出与赤道平行而间距为倾斜度 EAH 的南回归线。

现在令地心循黄道宫的方向运行，并令最大倾斜点 F 在相反方向上转动同样角度，两者都转过一个象限到达 B 点。在这段时间内，由于它们旋转量相等，EAI 角始终等于 AEB 角。直径 FAH 和 FBH，GAI 和 GBI，以及赤道和赤道，始终保持平行。在无比庞大的天穹中，由于已经多次提到过的理由，同样的现象会出现。因此从天秤宫的第一点 B 看来，E 似乎是在白羊宫。黄赤交线与直线 GBIE 重合。在周日自转中，轴线的垂直平面不会偏离这条线。与此相反，自转轴整个倾斜在侧平面上。因此太阳看起来在春分点。让地心在假定的条件下继续运动，当它走过半圈到达 C 点时，太阳将进入巨蟹宫。赤道上最大南倾点 F 将朝向太阳。太阳看起来是在北回归线上运动，与赤道的角距为倾角 ECF。当 F 转到圆周的第三象限时，交线 GI 再次与 ED 线重合。从这里看来，太阳是在天秤座的秋分点上。由同样过程继续下去，H（140）逐渐转向太阳，于是又出现与我在开头时谈到的相同的情况。……

在一切看得见的物体中，恒星天球是最高的了。我想，这是谁也不会怀疑的。古代哲学家想按运转周期来排出行星的次序。他们的原则是物体运动一样快，愈远的物体看起来动得愈慢，这是欧几里得的《光学》所证明的。他们认为，月亮转一圈的时间最短，这是因为它离地球最近，转的圆圈最小。反之，最高的行星是土星。它绕的圈子最大，所需时间也最长。在它下面是木星，然后是火星。至于金星和水星，看法就有分歧了。这两颗行星并不像其他行星那样，每次都通过太阳的大距。因此，有些权威人士（例如柏拉图在《蒂迈欧篇》中）把金星和水星排在太阳之上，而另一些人（例如托勒密和许多现代人）却把它们排在太阳下面。阿耳比特拉几则把金星摆在太阳上面，水星在太阳下面。

柏拉图的门徒们认为，行星本身都是暗的，它们能发光是由于接受太阳光。因此，如果它们是在太阳下面，它们就不会有大距，而是看起来呈半圆形或无论如何不是整圆形。它们所接受的光大部分都会向上，即朝太阳反射，就像我们在新月或残月看见的那样。此外，他们还论断说，有时行星在太阳前面经过会掩食太阳，遮掉的光与行星的大小成正比。但这种现象从来没有观测到，因此柏拉图的门徒认为，这些行星决不会走到太阳的下面。在另一方面，那些把金星与水星放在太阳下面的人，以日月之间的广漠空间作为依据。月亮离地球的最远距离为地球半径的 59 倍与 67.3 倍之间，致使辽阔的太空完全空虚，他们宣称同样的数目几乎刚好填满拱点距离（他们用拱点距离计算各个天球的厚度）。具体说来，月亮的远地点外面紧接着水星的近地点；在水星远地点之外是金星近地点；最后，金星远地点几乎接近太阳的近地点。……

第十章

牛顿的经典力学理论

背景链接

艾萨克·牛顿是英国伟大的数学家、物理学家、天文学家和自然哲学家，其研究领域包括了物理学、数学、天文学、神学、自然哲学和炼金术。牛顿的主要贡献有：发明了微积分，发现了万有引力定律和经典力学，设计并实际制造了第一架反射式望远镜等，被誉为人类历史上最伟大、最有影响力的科学家之一。

牛顿于1643年1月4日生于英格兰林肯郡格兰瑟姆附近的一个叫沃尔索普的村庄。牛顿出生前3个月父亲便去世了。在他两岁时，母亲改嫁给一位牧师，把牛顿留在外祖母身边抚养。大约从5岁开始，牛顿被送到公立学校读书。少年时的牛顿并不是神童，他资质平常，成绩一般。11岁时，母亲的后夫去世，母亲带着与第二任丈夫所生的一子二女回到牛顿身边。牛顿自幼沉默寡言，性格倔强，这种习性可能来自他的家庭环境。1661年，19岁的牛顿入英国剑桥大学圣三一学院，1665年初，牛顿创立级数近似法，以及把任意幂的二项式化为一个级数的规则；同年11月，创立正流数法（微分）；次年1月，用三棱镜研究颜色理论；5月，开始研究反流数法（积分）。1665年获文学学士学位。1667年牛顿回剑桥后当选为剑桥大学三一学院院委，次年获硕士学位。1669年任剑桥大学卢卡斯数学教授席位直到1701年。1696年任皇家造币厂监督，并移居伦敦。1703年任英国皇家学会会长。1706年受英国女王安娜封爵。在晚年，牛顿潜心于自然哲学与神学。1727年3月20日，牛顿在伦敦病逝，享年84岁。

思想综述

　　1665 年，刚好 22 岁的牛顿发现了二项式定理，这对于微积分的充分发展是必不可少的一步。二项式级数展开式是研究级数论、函数论、数学分析、方程理论的有力工具。在今天我们会发觉这个方法只适用于 n 是正整数，当 n 是正整数 1,2,3……级数终止在正好是 $n+1$ 项。如果 n 不是正整数，级数就不会终止，这个方法就不适用了。牛顿在数学上最卓越的成就是创建微积分。笛卡尔的解析几何把描述运动的函数关系和几何曲线相对应。牛顿在老师巴罗的指导下，在钻研笛卡尔的解析几何的基础上，找到了新的出路。可以把任意时刻的速度看是在微小的时间范围里的速度的平均值，这就是一个微小的路程和时间间隔的比值，当这个微小的时间间隔缩小到无穷小的时候，就是这一点的准确值，这就是微分的概念。求微分相当于求时间和路程关系得在某点的切线斜率。一个变速的运动物体在一定时间范围里走过的路程，可以看作是在微小时间间隔里所走路程的和，这就是积分的概念，求积分相当于求时间和速度关系的曲线下面的面积。牛顿从这些基本概念出发，建立了微积分。牛顿为解决运动问题，才创立这种和物理概念直接联系的数学理论的，牛顿称之为"流数术"。它所处理的一些具体问题，如切线问题、求积问题、瞬时速度问题以及函数的极大和极小值问题等，在牛顿前已经有人们开始研究了。但牛顿超越了前人，他站在了更高的角度，对以往分散的结论加以综合，将自古希腊以来求解无限小问题的各种技巧统一为两类普通的算法——微分和积分，并确立了这两类运算的互逆关系，从而完成了微积分发明中最关键的一步，为近代科学发展提供了最有效的工具，开辟了数学上的一个新纪元。

　　在代数方面，牛顿也作出了很大的贡献，他的《广义算术》大大推动了方程论。他发现实多项式的虚根必定成双出现，求多项式根的上界的规则，他以多项式的系数表示多项式的根 n 次幂之和公式，给出实多项式虚根个数的限制的笛卡儿符号规则的一个推广。牛顿还设计了求数值方程的实根近似值的对数和超越方程都适用的一种方法，该方法的修正，现称为牛顿方法。牛顿迭代法又称为牛顿—拉夫逊方法，它是牛顿在 17 世纪提出的一种在实数域和复数域上近似求解方程的方法。多数方程不存在求根公式，因此求精确根非常困难，甚至不可能，从而寻找方程的近似根就显得特别重要。方法使用函 $f(x)$ 的泰勒级数的前面几项来寻找方程 $f(x)=0$ 的根。牛顿迭代法是求方程根的重要方法之一，其最大优点是在方程 $f(x)=0$ 的单根附近具有平方收敛，而且该法还可以用来求方程的重根、复根。另外，该方法广泛用于计算机编程中。设 r 是 $f(x)=0$ 的根，选取 x_0 作为 r 初始近似值，过点 $(x_0, f(x_0))$ 做曲线 $y=f(x)$ 的切线 L，L 的方程为 $y=f(x_0)+f'(x_0)(x-x_0)$，求出 L 与 x 轴交点的横坐标 $x_1=x_0-f(x_0)/f'(x_0)$，称 x_1 为 r 的一次近似值。过点 $(x_1, f(x_1))$ 做曲线 $y=f(x)$ 的切线，并求该切线与 x 轴交点的横坐标 $x_2=x_1-f(x_1)/f'(x_1)$，称 x_2 为 r 的二次近似值。重复以上过程，得 r 的近似值序列，其中 $x(n+1)=x(n)-f(x(n))/f'(x(n))$，称为 r 的 $n+1$ 次近似值，上式称为牛顿迭代公式。解非线性方程 $f(x)=0$ 的牛顿法是把非线性方程线性化的一种近似方法。把 $f(x)$ 在 x_0 点附近展开成泰勒级数 $f(x)=f(x_0)+(x-x_0)f'(x_0)+(x-x_0)^2*f''(x_0)/2!+\cdots$ 取其线性部分，作为非线性方程 $f(x)=0$ 的近似方程，即泰勒展开的前两项，则有 $f(x_0)+f'(x_0)(x-x_0)=f(x)=0$ 设 $f'(x_0)\neq0$，则其解为 $x_1=x_0-f(x_0)/f'(x_0)$ 这样，得到牛顿法的一个迭代序列：$x(n+1)=x(n)-f(x(n))/f'(x(n))$。

在牛顿以前，墨子、培根、达·芬奇等人都研究过光学现象。反射定律是人们很早就认识的光学定律之一。近代科学兴起的时候，伽利略靠望远镜发现了"新宇宙"，震惊了世界。荷兰数学家斯涅尔首先发现了光的折射定律。笛卡尔提出了光的微粒说……牛顿以及跟他差不多同时代的胡克、惠更斯等人，也像伽利略、笛卡尔等前辈一样，用极大的兴趣和热情对光学进行研究。1666 年，牛顿在家休假期间，得到了三棱镜，他用来进行了著名的色散试验。一束太阳光通过三棱镜后，分解成几种颜色的光谱带，牛顿再用一块带狭缝的挡板把其他颜色的光挡住，只让一种颜色的光通过第二个三棱镜，结果出来的只是同样颜色的光。这样，他就发现了白光是由各种不同颜色的光组成的，这是第一大贡献。牛顿为了验证这个发现，设法把几种不同的单色光合成白光，并且计算出不同颜色光的折射率，精确地说明了色散现象。揭开了物质的颜色之谜，原来物质的色彩是不同颜色的光在物体上有不同的反射率和折射率造成的。公元 1672 年，牛顿把自己的研究成果发表在《皇家学会哲学杂志》上，这是他第一次公开发表的论文。许多人研究光学是为了改进折射望远镜。牛顿由于发现了白光的组成，认为折射望远镜透镜的色散现象是无法消除的（后来有人用具有不同折射率的玻璃组成的透镜消除了色散现象），就设计和制造了反射望远镜。牛顿不但擅长数学计算，而且能够自己动手制造各种试验设备并且作精细实验。为了制造望远镜，他自己设计了研磨抛光机，实验各种研磨材料。公元1668年，他制成了第一架反射望远镜样机，这是第二大贡献。公元1671年，牛顿把经过改进的反射望远镜献给了皇家学会，牛顿名声大振，并被选为皇家学会会员。反射望远镜的发明奠定了现代大型光学天文望远镜的基础。牛顿还提出了光的"微粒说"，认为光是由微粒形成的，并且走的是最快速的直线运动路径。他的"微粒说"与后来惠更斯的"波动说"构成了关于光的两大基本理论。此外，他还制作了牛顿色盘等多种光学仪器。

牛顿在力学领域也有伟大的发现，这是说明物体运动的科学。第一运动定律是伽利略发现的。这个定律阐明，如果物体处于静止或作恒速直线运动，那么只要没有外力作用，它就仍将保持静止或继续做匀速直线运动。这个定律也称惯性定律，它描述了力的一种性质：力可以使物体由静止到运动和由运动到静止，也可以使物体由一种运动形式变化为另一种形式。此被称为牛顿第一定律。力学中最重要的问题是物体在类似情况下如何运动。牛顿第二定律解决了这个问题，该定律被看作是古典物理学中最重要的基本定律。牛顿第二定律定量地描述了力能使物体的运动产生变化。它说明速度的时间变化率（即加速度 a 与力 F 成正比，而与物体的质量成反比，即 $a=F/m$ 或 $F=ma$；力越大，加速度也越大；质量越大，加速度就越小）。力与加速度都既有量值又有方向。加速度由力引起，方向与力相同；如果有几个力作用在物体上，就由合力产生加速度，第二定律是最重要的，动力的所有基本方程都可由它通过微积分推导出来。此外，牛顿根据这两个定律制定出第三定律。牛顿第三定律指出，两个物体的相互作用总是大小相等而方向相反。对于两个直接接触的物体，这个定律比较易于理解。书本对桌子向下的压力等于桌子对书本的向上的托力，即作用力等于反作用力。引力也是如此，飞行中的飞机向上拉地球的力在数值上等于地球向下拉飞机的力。牛顿运动定律广泛用于科学和动力学问题上。

牛顿是经典力学理论的集大成者。他系统地总结了伽利略、开普勒和惠更斯等人的工作，得到了著名的万有引力定律和牛顿运动三定律。在牛顿以前，天文学是最显赫的学科。为什么行星一定按照一定规律围绕太阳运行？天文学家无法圆满解释这个问题。万有引力的发现说明，天上星体运动和地面上物体运动都受到同样的规律——力学规律的支配。早在牛顿发现万有引力定律以前，已经有许多科学家严肃认真地考虑过这个问题。比如开普勒就认识到，要维持行星沿椭圆轨道运动必定有一种力在起作用，他认为这种力类似磁力，就像磁石吸铁一样。1659年，惠更斯从研究摆的运动中发现，保持物体沿圆周轨道运动需要一种向心力。胡克等人认为是引力，并且试图推到引力和距离的关系。1664年，胡克发现彗星靠近太阳时轨道弯曲是因为太阳引力作用的结果；1673年，惠更斯推导出向心力定律；1679年，胡克和哈雷从向心力定律和开普勒第三定律，推导出维持行星运动的万有引力和距离的平方成反比。牛顿自己回忆，1666年前后，他在老家居住的时候已经考虑过万有引力的问题。最有名的一个说法是：在假期里，牛顿常常在花园里小坐片刻。有一次，像以往屡次发生的那样，一个苹果从树上掉了下来……一个苹果的偶然落地，却是人类思想史的一个转折点，它使那个坐在花园里的人的头脑开了窍，引起他的沉思：究竟是什么原因使一切物体都受到差不多总是朝向地心的吸引呢？牛顿思索着。终于，他发现了对人类具有划时代意义的万有引力。牛顿高明的地方就在于他解决了胡克等人没有能够解决的数学论证问题。1679年，胡克曾经写信问牛顿，能不能根据向心力定律和引力同距离的平方成反比的定律，来证明行星沿椭圆轨道运动。牛顿没有回答这个问题。1685年，哈雷登门拜访牛顿时，牛顿已经发现了万有引力定律：两个物体之间有引力，引力和距离的平方成反比，和两个物体质量的乘积成正比。当时已经有了地球半径、日地距离等精确的数据可以供计算使用。牛顿向哈雷证明地球的引力是使月亮围绕地球运动的向心力，也证明了在太阳引力作用下，行星运动符合开普勒运动三定律。在哈雷的敦促下，1686年底，牛顿写成划时代的伟大著作《自然哲学的数学原理》一书。皇家学会经费不足，出不了这本书，后来靠了哈雷的资助，这部科学史上最伟大的著作之一才能够在1687年出版。牛顿在这部书中，从力学的基本概念（质量、动量、惯性、力）和基本定律（运动三定律）出发，运用他所发明的微积分这一锐利的数学工具，不但从数学上论证了万有引力定律，而且把经典力学确立为完整而严密的体系,把天体力学和地面上的物体力学统一起来,实现了物理学史上第一次大的综合。

　　《自然哲学的数学原理》是英国伟大的科学家艾萨克·牛顿的代表作,第一次科学革命的集大成之作,被认为是古往今来最伟大的科学著作,它在物理学、数学、天文学和哲学等领域产生了巨大影响。在写作方式上,牛顿遵循古希腊的公理化模式,从定义、定律(公理)出发,导出命题;对具体的问题(如月球的运动),他把从理论导出的结果和观察结果相比较。在结构上,《自然哲学的数学原理》是一种标准的公理化体系,它从最基本的定义和公理出发,在第一编和第二编中推导出若干普适命题,其中第一编题为"物体的运动"为全书的讨论做了数学工具上的准备,把各种运动形式加以分类,详细考察每一种运动形式与力的关系;第二编讨论"物体(在阻滞介质中)的运动",近一步考察了各种形式阻力对运动的影响,讨论地面上各种实际存在的力与运动的情况;在第三编中"示范了把它们应用于宇宙体系,用前两编中数学证明的命题由天文现象推演出使物体倾向于太阳和行星的重力,再运用其他的数学命题由这些力推算出行星、彗星、月球和海洋的运动"。在全书的最后,牛顿写下了一段著名的"总释",集中表述了他对于宇宙间万事万物的根本原因——万有引力以及我们的宇宙为什么是一个这样的优美的体系的总原因的看法,集中表达了他对于上帝的存在和本质的见解。在写作手法上,牛顿在搭建自己的体系时,虽然仿照欧几里德的《几何原本》,但他从没有忘记自己的使命是解释自然现象,没有把自己迷失在纯粹形式化的推理中。他是极为出色的数学家,在数学上有一系列一流的发明,但他严格地把数学当作工具,只是在有需要时才带领读者稍微作一点数学上的证明。另一方面,牛顿丝毫没有沉醉于纯粹的哲学思辨,在《自然哲学的数学原理》中所有的命题都来自于现实世界,或是数学的,或是天文学的,或是物理学的,即牛顿所理解的自然哲学的。《自然哲学的数学原理》中全部的论述都以命题形式给出,每一个命题都给出证明或求解,所有的求证求解都是完全数学化的,必要时附加推论,而每一个推论又都有证明或求解。只是在牛顿认为某个问题在哲学上有特殊意义时,他才加上一个附注,对问题加以解释或进一步推广。全书贯穿了牛顿和莱布尼兹分别独立发明的数学方法——微积分。在科学史上,《自然哲学的数学原理》是经典力学的第一部经典著作，划时代的巨著，也是人类掌握的第一个完整的科学的宇宙论和科学理论体系，其影响所及，遍布经典自然科学的所有领域，并在其后 300 年里一再取得丰硕成果。就人类文明史而言，它成就了英国工业革命，在法国诱发了启蒙运动和大革命，在社会生产力和基本社会制度两方面都有直接而丰富的成果。迄今为止，还没有第二个重要的科学和学术理论，取得过如此之大的成就。《自然哲学的数学原理》达到的理论高度是前所未有的，其后也不多见。牛顿在《自然哲学的数学原理》中讨论的问题及其处理问题的方法，至今仍是大学数理专业中教授的内容，而其他专业的学生学到的关于物理学、数学和天文学的知识，无论在深度和广度上都没有达到《自然哲学的数学原理》的境界。

晚年的牛顿开始致力于对神学的研究，他否定哲学的指导作用，虔诚地相信上帝，埋头于写以神学为题材的著作。当他遇到难以解释的天体运动时，提出了"神的第一推动力"。他说："上帝统治万物，我们是他的仆人，要敬畏他、崇拜他"。

经典篇章

《自然哲学的数学原理》节选：

宇宙体系（使用数学的论述）哲学中的推理规则

规则 I：寻求自然事物的原因，不得超出真实和足以解释其现象者。

为达此目的，哲学家们说，自然不做徒劳的事，解释多了白费口舌，言简意赅才见真话；因为自然喜欢简单性，不会响应于多余原因的侈谈。

规则 II：因此对于相同的自然现象，必须尽可能地寻求相同的原因。例如人与野兽的呼吸；欧洲与美洲的石头下落；炊事用火的光亮与阳光；地球反光与行星反光。

规则 III：物体的特性，若其程度既不能增加也不能减少，且在实验所及范围内为所有物体所共有；则应视为一切物体的普遍属性。

因为，物体的特性只能通过实验为我们所了解，我们认为是普适的属性只能是实验上普适的；只能是既不会减少又绝不会消失的。我们当然不会因为梦幻和凭空臆想而放弃实验证据；也不会背弃自然的相似性，这种相似性应是简单的，首尾一致的。我们无法逾越感官而了解物体的广延，也无法由此而深入物体内部；但是，因为我们假设所有物体的广延是可感知的，所以也把这一属性普遍地赋予所有物体。我们由经验知道许多物体是硬的；而全体的硬度是由部分的硬度所产生的，所以我们恰当地推断，不仅我们感知的物体的粒子是硬的，而且所有其他粒子都是硬的。说所有物体都是不可穿透的，这不是推理而来的结论，而是感知的。我们发现拿着的物体是不可穿透的，由此推断出不可穿透性是一切物体的普遍性质。说所有物体都能运动，并赋予它们在运动时或静止时具有某种保持其状态的能力（我们称之为惯性），只不过是由我们曾见到过的物体中所发现的类似特性而推断出来的。全体的广延、硬度、不可穿透性、可运动性和惯性，都是由部分的广延、硬度、不可穿透性、可运动性和惯性所造成的；因而我们推断所有物体的最小粒子也都具有广延、硬度、不可穿透性、可运动性，并赋予它们以惯性性质。这是一切哲学的基础。此外，物体分离的但又相邻接的粒子可以相互分开，是观测事实；在未被分开的粒子内，我们的思维能区分出更小的部分，正如数学所证明的那样。但如此区分开的，以及未被分开的部分，能否确实由自然力分割并加以分离，我们尚不得而知。然而，只要有哪怕是一例实验证明，由坚硬的物体上取下的任何未分开的小粒子被分割开来了，我们就可以沿用本规则得出结论，已分开的和未分开的粒子实际上都可以分割为无限小。最后，如果实验和天文观测普遍发现，地球附近的物体都被吸引向地球，吸引力正比于物体所各自包含的物质；月球也根据其物质量被吸引向地球；而另一方面，我们的海洋被吸引向月球；所有的行星相互吸引；彗星以类似方式被吸引向太阳，则我们必须沿用本规则赋予一切物体以普遍相互吸引的原理。因为一切物体的普遍吸引是由现象得到的结论，它比物体的不可穿透性显得有说服力；后者在天体活动范围内无法由实验或任何别的观测手段加以验证。我肯定重力不是物体的基本属性；我说到固有的力时，只是指它们的惯性。这才是不会变更的。物体的重力会随其远离地球而减小。

规则 IV 在实验哲学中，我们必须将由现象所归纳出的命题视为完全正确的或基本正确的，而不管想象所可能得到的与之相反的种种假说，直到出现了其他的或可排除这些命题、或可使之变得更加精确的现象之时。

我们必须遵守这一规则，使不脱离假说归纳出的结论。

第十一章

伏尔泰的启蒙思想

背景链接

　　伏尔泰，原名弗朗索瓦－马利·阿鲁埃，伏尔泰是他的笔名。法国启蒙时代思想家、哲学家、文学家，是 18 世纪法国资产阶级启蒙运动的旗手，被誉为"法兰西思想之王""法兰西最优秀的诗人""欧洲的良心"。他不仅在哲学上有卓越成就，也以捍卫公民自由，特别是信仰自由和司法公正而闻名。

　　1694 年，伏尔泰出生在巴黎一个富裕的中产阶级家庭，一生多才多艺。1725 年他被迫流亡英国，研究英国的资产阶级君主立宪制，研究洛克的唯物主义经验论和牛顿的万有引力理论。1729 年，因得到法国国王路易十五的默许，伏尔泰回到法国。这期间他一度被宫廷任命为史官，并分别于 1743 年当选为英国皇家学会会员，1746 年并当选为法兰西学院院士。应普鲁士国王弗里德里希二世的邀请，1750 年来到柏林，1753 年离开柏林，寄居瑞士。1760 年起定居法国和瑞士边境的费尔奈庄园，与欧洲各国人士保持频繁的通信联系，并且积极参与社会活动，撰写大量小册子，揭露宗教迫害和专制政体下司法部门的黑暗。1778 年 2 月，当 84 岁高龄的伏尔泰回到阔别 29 年的巴黎时，他受到了人民热烈的欢迎。这是伏尔泰人生发展的最辉煌的顶点。不久，他便病倒了，同年与世长辞。伏尔泰的灵柩被巴黎人民永久地摆放在先贤祠中，并亲切地称呼他是"精神王子"。

思想综述

　　伏尔泰以他的自由精神征服了当时的欧洲社会。以英国君主立宪制为典范的"开明君主制"，则是他最奢望的政治理想。他试图承继柏拉图以来的哲学家治理，把君主立宪理想化为哲学家指导"开明"君主治理国家。唯其如此，那些企图赢得"开明君主"声望的君王们都曾与他交往，例如路易十五请他任史官，普鲁士国王腓特烈二世待他为上宾，俄国女皇叶卡捷琳娜二世也曾接见他，并对他的思想表示相当的"兴趣"。当这一切都以不欢而散收场，为捍卫自由思想，伏尔泰最终决定不再与任何君主往来。

伏尔泰在英国的生活是他一生中的一个主要转折点。莎士比亚以及英国科学和经验论都给伏尔泰留下了深刻的印象，他印象最深的是英国的政治制度。英国的民主和个人的自由与伏尔泰在法国所知的政治状况形成了鲜明的对照。伏尔泰回到法国，写出了他的第一部主要哲学著作《哲学通信》，通常称为《论英人书简》。该书发表于1734年，它标志着法国启蒙运动的真正开始。

作为哲学家，伏尔泰远不如本册中的其他几位具有创新精神。在哲学上，他承认物质世界的客观存在，肯定认识来源于感觉经验，但他又认为神是宇宙的"第一推动者"。他在很大程度上是吸取了如约翰·洛克和弗朗西斯·培根等其他人的思想，加以重新叙述，使其大众化。就是通过伏尔泰的作品（比通过任何其他人的都多），民主政治、宗教自由和思想自由等观念才传遍了整个法国，以及欧洲许多其他地区。伏尔泰一生始终不渝地反对宗教不自由和宗教迫害。虽然伏尔泰相信上帝，但是却坚决反对大多数宗教教条，不断地指出有组织的宗教是根本虚伪的。虽然伏尔泰自己远不是一位现代式的民主主义者（他有赞成一个强大而又开明的君主的倾向），但是他的主要思想鲜明突出地反对任何形式的世袭制度。因此，他的追随者大都赞同民主政体；他的政治和宗教思想处于法国启蒙运动的主流，对1789年的法国革命具有实质性的贡献。伏尔泰尖刻地抨击天主教会的黑暗统治。他把教皇比作"两足禽兽"，把教士称作"文明恶棍"，说天主教是"一些狡猾的人布置的一个最可耻的骗人罗网"。他号召"每个人都按照自己的方式同骇人听闻的宗教狂热作斗争，一些人咬住他的耳朵；另一些人踩住他的肚子，还有一些人从远处痛骂他。"不过伏尔泰并不是一个无神论者，而是一个自然神论者，提倡对不同的宗教信仰采取宽容的态度，终生与宗教偏见作斗争，但又认为宗教作为抑制人类情欲和恶习的手段是必不可少的。他认为要统治人民宗教是不可缺少的。他说"即使没有上帝，也要造出一个上帝来"。

伏尔泰在批判神学史观的基础上，提倡理性主义史学和朴素的唯物论；在批判政治军事史的前提下，倡导文化史；在对史学的本体论和方法论作形而上的探微时，始终不忘其垂训和求真的底线。伏尔泰理性的哲学观念深深塑造了他的历史观，倘若哲学领域他是理性的旗手，那么在历史领域无疑充当了同样的角色。他开创了理性主义史学，提出了理性主义的进步史观，这种史观极大改造了中世纪的神学史观，即认为历史是可知的，人类历史是符合规律的。"人依其理性以认识自然，也依其理性以改造社会，发扬理性，就是推动历史；蒙蔽理性，就是阻碍进步"。就这样在理性的推动下，人类最终可以通往无限美好的未来，理性王国会取得彻底的胜利。这些承接了文艺复兴时期的人文主义观念，增强了人类自身在历史发展进程中的主体性。他批判神学史观，提倡朴素的唯物论。伏尔泰平生与天主教会势不两立，他著有《论宗教宽容》，极力批判教会，反对教权主义，这也体现在他的历史思想中。在此基础上，他发展了自己朴素的唯物论，"首先要有铁匠、木匠、瓦匠和农夫，然后才会有利用闲暇进行思考的人。一切手工技艺的出现，无疑都要比形而上学早若干世纪。"不过他在对待上帝的问题上也有矛盾之处，有时极尽讽刺，有时认为"如果上帝不存在，也应该创造出来"，宗教观念上的"两个伏尔泰"形象，使他最终沦为自然神论者。在理性主义历史观的指导下，伏尔泰更新了历史研究和叙写的对象，扩大了历史叙述的范围，从而将人类，特别是科学文化方面的人类精神巨匠纳入了叙写的范围。他打破了以往历史叙述中的政治、军事模式和宗教神学模式，他批判专制，在《路易十四时代》一书中通过剖析君主专制的弊端，认识到"君主使人感到枷锁的分量"，认为历史撰述"不是为后代叙述某个人的行为功业，而是向他们描述有史以来最为开明时代的人们的精神面貌"。他在批判政治军事史的基础上阐释了自己的主张：有些历史仅仅叙述一个国王的遭遇，似乎只有他一个人存在，其他一切仅仅由于他才得以存在。"我讨厌这样的历史，一句话，我写历史更多的是写一个伟大的时代，而不是一个伟大的国王。那不应当简单地仅仅是他在位的年代记，相反，应当成为最能为人类增光的那个时代的人类智慧史。"正是因为他关注人的精神、思想和文化，以人类的精神、法律、艺术和风尚为研究对象，所以他被史学界誉为"文化史之父"。在历史编纂的基本原则方面，伏尔泰在批判和扬弃的基础上，形成了自己的观点。他第一次提出了历史哲学的概念，并于1765年出版了《历史哲学》一书。在他看来，历史不应该是简单的事实堆积，而应该从哲学的高度寻求对历史以及支配历史发展原则的整体理解，《风俗论》无疑是这种整体史思想的直接载体。他力图把当时世界上的文明中心联系起来，并努力从科学、艺术、风俗、习惯、饮食、娱乐和日常生活等各个方面去理解历史，这不仅具备整体史观的雏形，而且变更了当时的世界历史观念，在世界史学史上是值得浓墨重彩的。除去形而上的思考之外，他还注重史学的求真和垂训，例如他质疑《圣经》，认为"我们所需要的不是任何历史真理，而只是可以教诲和教育我们的真理"。

伏尔泰的文学观点和趣味，基本上承袭17世纪古典主义的余风，主要表现在诗歌和悲剧创作上。他的史诗《亨利亚德》以法国16世纪宗教战争为题材，写波旁王朝亨利四世在内战中取得胜利后登基为王，颁布南特赦令以保障新教徒的信仰自由。史诗中的亨利四世被当作开明君主的榜样来歌颂。伏尔泰的哲理诗说理透彻，讽刺诗机智冷隽，有独到之处。伏尔泰毕生主要从事戏剧创作，先后写了50多部剧本，其中大部分是悲剧。伏尔泰的文学作品中最有价值的是哲理小说。这是他开创的一种新体裁，用戏谑的笔调讲述荒诞不经的故事，影射和讽刺现实，阐明深刻的哲理。

伏尔泰还是中国文化的深切认同者，他对中国文化的了解、介绍、评述几乎终其一生。对中国文化各个方面的表现，伏尔泰几乎是完全倾倒。他首次提到中国，是在他的著作《哲学通信》中。他对中国的家庭和政治制度大加赞赏，对中国的自然宗教以及宗教宽容十分敬佩。他称赞中国历史的写作："让我们首先注意这样一个民族，他们在我们还没有使用文字时，便已有了一部用固定的语言撰写的连贯的历史。"他认为中国历史的写作朴实无华，没有虚幻的人为想象。他说，中国人的历史是一部没有玄虚的理性的历史。"如果说有些历史具有确实可靠性，那就是中国人的历史。正如我们在另一个地方曾经说过的：中国人把天上的历史同地上的历史结合起来了。在所有民族中，只有他们始终以日蚀、月蚀、行星会合来标志年代；我们的天文学家核对了他们的计算，惊奇地发现这些计算差不多都准确无误。其他民族虚构寓意神话，而中国人则手中拿着毛笔和测天仪撰写他们的历史，其朴实无华，在亚洲其他地方尚无先例。"伏尔泰称赞中国历史写作平实，很明显是针对《圣经》对历史的记载而言，因为《圣经》历史的记载一个重要特征就是神迹。对于中国文化的道德体系，伏尔泰充满敬佩。他认为，中国人的理性的道德和基督教的道德有本质的差别，是欧洲人所应追随的目标。中国也是伏尔泰的理想国。对中国道德体系的赞美突出表现在对孔子的赞美上。他也直接以孔子的思想作为攻击宗教神秘主义的武器。他评论孔子："我读孔子的许多书籍，并作笔记，我觉着他所说的只是极纯粹的道德，既不谈奇迹，也不涉及玄虚。""他们的孔子不创新说，不立新礼；他不做受神启者，也不做先知。他是传授古代法律的贤明官吏。""孔子只是以道德谆谆告诫人，而不宣扬什么奥义。在他的第一部书中，他说为政之道，在日日新。在第二部书中，他证明上帝亲自把道德铭刻在人的心中；他说人非生而性恶，恶乃由过错所致。第三部书是纯粹的格言集，其中找不到任何鄙俗的言辞，可笑的譬喻。孔子有弟子三千，他可以成为强大的党派的领袖，但他宁愿教育人，不愿统治人"。

他赞赏中国的重农主义，以为中国尊重农业，举世无双，欧洲各国大臣都应该读一读耶稣会记录的关于中国皇帝尊重农业和收获期的国家祭奠等情形。对于包括科技发展在内的整体物质文明，伏尔泰也是推崇中国，并希望欧洲从中学习。他认为，中国的木板印刷，比欧洲的印刷术有更多优点。而对于许多西方人认为印刷术是德国人古登堡首先发明的说法，他的论述给了明确的反驳："我们知道，这种印刷术是在木板上刻字，就像古登堡 15 世纪在美茵茨首先利用的方法。在中国，在木板上刻方块字的工艺更为完善。"在建筑方面，他说，公元前 300 年就有万里长城，又如以人工开凿贯通全国的运河，都是欧洲人应该自叹不如的。而长城的建造更是体现了中国人的思想境界。"唯有和平思想才能想象出这一防御工事"，甚至是"为人类的思想带来最大荣耀的工程"。

他赞赏中国的政府组织结构。在当时的伏尔泰看来，中国的法律也充满"仁爱"观念。伏尔泰赞赏中国的开明君主制和中国的法律制度，是希望包括法国在内的欧洲一些独裁国家从中学习。另外值得一提的是，伏尔泰有着开阔博大的世界观。他的《风俗论》把整个人类文明纳入世界文化史之中，打破了"欧洲中心论"的史学观。而当时的西方社会把基督教历史作为整个人类历史，以西方历史作为整个世界史。对中国文化的赞赏，最明白地表现了他对"欧洲中心主义"的批判。"当你以哲学家身份去了解这个世界时，你首先把目光朝向东方，东方是一切艺术的摇篮，东方给了西方一切"。

伏尔泰看到中国戏剧的劝善惩恶的内涵，根据中国悲剧《赵氏孤儿》改编成了戏剧《中国孤儿》，讽刺欧洲的道德败坏的情形。他还表示，"这部中国戏，无疑是胜过我们同时代的作品的。"在剧本中，他假托剧中人物赞扬中国文化和中国的道德，也表达了对孔子的仰慕，所以剧名下又加了副题《五幕孔子的伦理》。他希望通过对中国文化和道德的赞美，来触动当时的法国。

伏尔泰还积极参加社会活动，他积极为无辜受害的人士奔走，最突出的是发生在 1762 年的闻名欧洲的卡拉事件。当时，法国社会中天主教教会的权力极大，天主教僧侣被列为法国封建社会的第一等级，教会经常残酷压榨和迫害人民。1762 年有个名叫卡拉的新教徒，他的儿子因欠债而自杀。天主教会马上向法院诬告卡拉，说他儿子因为想改信天主教，被信新教的父亲杀死了。法院于是把卡拉全家逮捕，进行严刑拷打，将卡拉判处死刑。处死的这一天，刽子手们先用铁棒打断了卡拉的双臂、肋骨和双腿，然后把他挂在马车后面，在地上活活拖死，最后还点上一把火，把尸体烧成灰烬。伏尔泰听说这件事之后，异常愤怒，他亲自调查事件真相，把这件冤案的调查报告寄给欧洲许多国家，全欧洲都对此感到震惊和愤怒，纷纷痛斥法国士鲁斯的地方法院。四年后，教会不得不宣布卡拉无罪，恢复了他家人的自由。从此，伏尔泰被称为"卡拉的恩人"，受到法国人民的尊敬。以后，伏尔泰又为新教徒西尔文、拉巴尔等人的受迫害案鸣冤，经过多年的斗争，终于使他们恢复名誉。

经典篇章

《哲学通信》节选：

第一封信　公谊会信徒

我以为像公谊会信徒这样一种特别信徒的教义和历史是值得一个求知的人去探究的。我为了要对这个问题做些研究，曾去访问英国一位最出名的公谊会信徒，这位信徒在经营了 30 年的商业之后，对他的资财和欲望已经知道满足了，就退居到伦敦附近的乡间。我到他退居的地方去找他；这是一所小房子，但是建筑得很好，虽然没有什么装饰，却收拾得很干净。这位公谊会信徒是一个健壮的老人，从来没有生过病，因为他没有什么嗜好，又没有什么放荡行为：在我的一生中，绝不会看到比他更高尚更讨人欢喜的那种神情。他和他会中所有的那些信徒一样，穿着两边没有折缝和口袋，袖子上没有纽扣的衣服，并戴上一顶帽檐扁平的大帽子，同我们的神职人员相仿佛。他接待我的时候，头上戴着帽子，走到我的面前，也不稍稍地弯一弯腰；但是在他的面部表现出来的爽朗而和悦的神情上，比那种把一条腿拉到另一条腿后面，帽子拿在手上的一般习惯更显得有礼貌。他说：朋友，我看你是一个外国人，要是我能对你有什么帮助的话，你只要说出来好了。我按照我们的风俗，弯一下腰，一只脚轻轻地向他走过去，对他说："先生，我希望我的正当的好奇心不会使您感到不愉快，如果您愿意把你们宗教讲给我听，则不胜荣幸之至"……

第九封信　谈政府

在英国政府中这种可喜的混合：下院议员、爵士、君主间的合作，是前所未有的。英国人曾经长时期是奴隶，它陆续做过罗马人、撒克逊凡、丹麦人、法国人的奴隶。尤其是征服者威廉曾经用铁的权杖来统治英国；他像东方的君主那样支配着他的新臣民的财产和生命；晚上一过 8 点钟，他不准许任何英国人的家里有火有光，违者处以死刑。他这样做，或者认为可以预防英国人在晚上开会，或者他想用这个古怪的禁律，尝试一下一个人的权力在别人身上可以达到怎样的程度。

在征服者威廉的前后，英国人都有议院，这是真的；这些会议——那时称作议院——是由教会的专制者和称为诸侯的掠夺者们所组成的，英国人很夸奖这些议院，仿佛这些议院是公众自由和莫大幸福的捍卫者。

那些来自波罗的海沿岸的蛮族，在欧洲其他的部分，安定下来，他们带来了轰动一时但少有人懂得的国会或议院的习惯。当时的君主并非暴君，这是事实；可是，正因为这样，老百姓在可怜的奴隶身份下呻吟得更加厉害。这些野蛮民族的酋长们，蹂躏了法、意、西、英之后，自立为君主；这些酋长们的将佐在这些酋长们之间瓜分了战败者的土地。因此，那批边塞总督、苏格兰的贵族、诸侯、小暴君常和他们的君主争夺从老百姓那里得来的掠获物。这是一群鸷鸟对一只老鹰的斗争，为了要抢吸白鸽们的鲜血；每个民族有一百个暴君，以替代一个主人。不久，神父们也来染指了。自始至终，高卢人、日耳曼人、英吉利岛民的命运操在他们的神官们和酋长们的手里，这些便是诸侯的前身，不过没有像诸侯那样残暴。这些神官自称为神与人之间的仲裁；他们颁布法律，他们把教徒逐出教会，他们判决死刑。在哥德人和汪达尔人的政府里，主教们渐渐继承了他们的世俗权。

教皇做了他们的头子，运用了诏书、教论、修士，叫君主们发抖，废黜他们，派人去暗杀他们，尽力敛收欧洲的财富。那个蠢家伙绮那斯——英格兰七王国的暴君之一，在朝拜罗马的时候，他第一个屈服了，向教皇捐献：按照自己疆域内的户数，每户出一个得尼埃（约等于现在一个埃居）。不久，整个岛模仿了这个例子。英国逐渐变为教皇治下的一省；教皇时时派他的大使到那里去征收苛税。没有疆土的约翰终于把自己的王国正式献给了那个曾经驱逐他出教的教皇；可是，诸侯们认为这是吃亏，就赶走了这个卑贱的王上；他们另立路易八世来代替他，路易八世是法国国王圣·路易的父亲；为时不久，他们又讨厌这个新来的人，便叫他渡海回国去了。

……

第十二章

卢梭的社会契约论

背景链接

让·雅克·卢梭，是法国著名启蒙思想家、哲学家、教育家、文学家，是 18 世纪法国大革命的思想先驱，启蒙运动最卓越的代表人物之一。

1712 年 6 月 28 日，卢梭出生于瑞士日内瓦一个钟表匠的家庭。在他 13 岁时，卢梭当律师书记，不久，在一位雕刻匠手下当学徒。16 岁时，他离城出走，经朋友介绍，结识了华伦夫人，正是这位夫人影响了他日后的生活。最后，她做了他的情妇和养母。华伦夫人认为卢梭对音乐感兴趣且有天赋，有意让他朝音乐方面发展。后来他不断地自学和研究，想出一种用数字代替音符的简易记谱法。1749 年夏天，他应第戎科学院的征文启事：《科学和艺术的进步对改良风尚是否有益》，以《论艺术和科学》为题寄出应征。1750 年，他这篇论文获得了头等奖。1756 年，卢梭开始了他的隐居生活。隐居 6 年之中，写了许多著作，有《社会契约论》《爱弥儿》《新爱洛绮丝》等。但《爱弥儿》被法国法庭列为禁书，他只好离开法国去了瑞士，不久又被迫离开瑞士领土，搬到普鲁士国管辖的地区。1768 年 8 月，卢梭与同居了 25 年的女仆瓦瑟在布戈市结婚；1778 年 7 月，已患"逼害性心理分裂症"的卢梭在巴黎东北面的阿蒙农维拉去世。死时穷困潦倒，死前被马车撞翻，又被狗扑伤践踏。1791 年 12 月 21 日，国民公会投票通过决议，给大革命的象征卢梭树立雕像，以金字题词——"自由的奠基人"。

思想综述

在《论人类不平等的起源和基础》中，卢梭尝试把政府的出现解释为统治者与被统治者的一种契约。人们愿意放弃个人自由并被他人所统治的唯一原因，是他们看到个人的权利、快乐和财产在一个有正规政府的社会比在一个无政府的、人人只顾自己的社会能够得到更好的保护。卢梭在本书中假想人类在进入社会状态前曾生活在自然状态中：那时的人类过着离群索居的生活，没有固定的家庭生活，没有住宅，没有财产，人没有互相攻击和掠夺的本性，只有怜悯他人和自我保存的天然感情；人的各种机能（诸如理性、语言、观念）、欲望和情感（尤其是爱慕、虚荣、贪婪）都处于低级阶段，不存在精神的、政治的不平等。但是人有独特的异于禽兽的自我完善化的能力，共同劳动、家庭的发展促进了人与人的交往，使人的潜在机能被激发起来，导致社会状态的出现。私有制是文明社会的基础，农业和冶金术的发明是导致这一巨大变革的决定性原因。从此人类产生了许多新的欲望和偏见，道德急剧堕落，富人和穷人的差别出现了，人类落入了可怕的战争状态。于是富人哄骗穷人订立社会契约，社会和法律就是这样起源的，它们保护富人欺压穷人，这是不平等发展的第一阶段。订立了契约就需要有保障其实施的强力机构，权力的设立是不平等发展的第二阶段，它确立强者和弱者的区别。暴君政治的出现是不平等发展的第三阶段和顶点，它确立主人和奴隶的区别。既然暴君依仗暴力蹂躏法律，人民就有权用暴力推翻他们。

社会契约论的主要表述是探究是否存在合法的政治权威，"人是生而自由的，但却无往不在枷锁之中。"他所说的政治权威在我们的自然状态中并不存在，所以我们需要一个社会契约。在社会契约中，每个人都放弃天然自由，而获取契约自由；在参与政治的过程中，只有每个人同等地放弃全部天然自由，转让给整个集体，人类才能得到平等的契约自由。人民应该在政府中承担活跃的角色。人民根据个人意志投票产生公共意志。如果主权者走向公共意志的反面，那么社会契约就遭到破坏；人民有权决定和变更政府形式和执政者的权力，包括用起义的手段推翻违反契约的统治者。

《社会契约论》分为四卷，第一卷论述了社会结构和社会契约。社会秩序乃是为其他一切权利提供了基础的一项神圣权利。秩序并非来源于自然。家庭是最古老和自然的社会形态；但是，父母与能够自立的子女之间的联系，有必要用一系列约定来维系。社会秩序不可建立在强力的基础上，因为最强者无法一直保持强势霸权，除非他能把强力转化为权利，把服从转化为义务。在那种情形下，权利与强力就要互换位置。如果必须要用强力使人服从，人们就无须根据义务而服从了；因而，只要人们不再是被迫服从时，他们也就不再有服从的义务。约定是一切合法权威的基础。这个论断，是人民转让自身自由的权利。转让就是奉送或者出卖。但一个使自己作另一个人的奴隶的人并不是奉送自己，他是出卖自己，是为着自己的生活。一个人无偿地奉送自己，是荒谬的和不可思议的。这样一种行为是不合法的、无效的。即使一个人可以转让自己，他也不能转让自己的孩子，孩子们生来是自由的；他们的自由属于他们自己，其他人都无权加以处置。社会秩序来源于共同的原始、朴素的约定。当自然状态中，生存障碍超过个人所能够承受的地步，人类就被迫改变生活方式。人类不能产生新的力量，而只能是集合并形成力量的总和来克服生存的阻力。"要寻找出一种结合的形式，使它能以全部共同的力量来卫护和保障每个结合者的人身和财富，并且由于这一结合而使每一个与全体相联合的个人又只不过是在服从自己本人，并且仍然像以往一样地自由。"解决办法就是形成一个约定，使每个人都把自身的能力置于"主权者"的指导下。主权者是尽可能包括最多社会成员的、道德的与集体的共同体。共同体中的约定对于每一个成员都是平等的。共同体就以这同一个行为获得了它的统一性、它的公共的大我、它的生命和它的意志。共同体可称为"国家或政治体"，至于结合者就称为人民；个别地，作为主权权威的参与者，就叫做公民，作为国家法律的服从者，就叫做臣民。有了这个契约，人类就从自然状态进入社会状态，从本能状态进入道德和公意状态。人类由于社会契约而丧失的是天然的自由以及对于他所企图得到的一切东西的无限权利；而他所获得的，乃是社会的自由以及对于他所享有的一切东西的所有权。第二卷阐述主权及其权利。主权是公意的运用，不可以转让，不可分割。主权由共同利益所决定和约束，借着法律而行动。法律是以公共利益为依归的公意的行为。虽然公意总是对的，但是它并非总是能作出明智的判断，因此也并非总能找到共同利益之所在，于是立法者的存在就是必要的。然而立法者本身并没有权力，他们只是指导者。他们起草和提出法律建议，只有人民自己（或者说主权者、公意）才有权设立法律。第三卷阐述政府及其运作形式。对于政府而言，仅有立法是不够的，法律的强制实施亦非常必要。虽然主权体有立法权，但是它不能赋予自身执法权。它需要一个介于主权体和国民之间的中介者，在公意的指示下实施法律。这就是政府的角色，政府是主权者的执行人，而非主权者本身。政府中的执政者只是受委托来行使行政权力；他们是主权者的官吏，他们的职能不是契约的结果，而是以主权者的名义行使被托付的权力。他们从主权者接受命令，并将命令转达给国民。主权者可以根据自己的意愿限制、改变或收回行政权。结构单一的政府是最好的；实际上，政府都是混合形式的，都或多或少地借鉴了其他形式。没有一种政府适用于一切国家，但是一个国家的政府必须与其人民的特点相适应，一个不靠外来移民的办法、不靠归化、不靠殖民地的政府，而在它的统治下公民人数繁殖和增长得最多的，就确切无疑地是最好的政府。第四卷讨论几种社会组织。公意是不可摧毁的，通过投票来表达。不同的组织有不同的选举模式。宗教是国家的基础，在任何时候都在公民的生活中占主要地位。基督教的统治精神是和他的体系不能相容的。基督教是一种纯精神的宗教；基督徒的祖国是不属于这个世界的。基督徒以一种深沉的、决不计较自己的成败得失的心情在尽自己的责任。每个公民都应该有一个宗教，宗教可以使他们热爱自己的责任,这件事却是对国家很有重要关系的。这种宗教的教条，却唯有当其涉及到道德与责任——而这种道德与责任又是宣扬这种宗教的人自己也须对别人履行的时候，才与国家及其成员有关。但是有谁要是胆敢说：教会之外，别无得救，就应该把他驱逐出国家之外，除非国家就是教会，君主就是教主。这样的一种教条，唯有在神权政府之下才是好的，而在其他一切政府之下就都是有毒害的。《社会契约论》并不是直接作为解释性理论或社会学理论出现的，其历史作用是像一种伦理学或逻辑学的理论，目的是对现存制度进行道德评价或改造以及为革命等提供理论根据。

《爱弥儿》的教育思想震惊了整个法国，乃至世界。卢梭教育理论摆脱了神学的束缚，强调人性的解放，注重人的个性特点，归于自然，注重人的自由、平等、独立。卢梭主张教育应"归于自然，发展个性"。培养自由、平等、独立，能适应时代发展要求的新人。卢梭还提出在不同年龄阶段对儿童应该进行体育教育、感官教育、智育教育、德育教育和爱情教育。自然教育理论贯穿于卢梭的教育理论，其核心是教育必须顺应儿童天性发展的自然历程，必须遵循儿童身心发展的规律。如果打乱了儿童年龄发展规律次序，就会造成严重的后果，甚至前功尽弃。人类生活在这个世界上，都要受到三种教育的影响，即：自然、人和事物。人类的才能和器官的内在发展，是自然教育；教育者对受教育者所施的有意识、有目的的指导，是人的教育；我们对影响我们事物获得良好的经验即环境对受教育者的影响，是事物教育。三种教育协调一致，目标同一，学生才能受到良好的教育，天性才能完美发展。要使这三种教育得到完美的结合，卢梭认为，"人为"的教育和"事物"的教育，必须服从"天性"的发展。卢梭强烈反对教育为特权阶级服务，反对教育培养特权阶级的从业人员。认为现今的教育培养出来的是"暴君""恶棍"。强调教育内容、方法要适合儿童身心自然发展进程，从儿童实际出发，实事求是，为儿童自然发展创造有利的条件，激发儿童兴趣爱好和需要，尊重儿童个性，发挥儿童主动性、创造性，使儿童真正享受到自由和谐发展。在教育进程中，卢梭说人的天性发展是有秩序的，率性发展的教育必须适应不同时期的儿童发育水平，万不该不顾天性发展硬把成人理解的知能来主观武断地强使幼年儿童接受。在教育方法上，反对强制压制和呆读死记，呼吁尊重儿童的自觉，提倡诱导启发。他要人"以天性为师，而不以人为师"，他要人"成为天性所造成的人，而不是人造成的人"。卢梭为了使儿童避免受到社会洗染而率性成长，提出消极教育主张，他说："那是不教儿童以道德或知识，反而保持他的心灵不生罪恶或错误。"

卢梭对于 12 岁以后的理性开始发达的青年，则设想了许多门类的学科，要他们进行学习，粗略地划分起来，以知识教育为主的青年期应学习自然科学知识，以道德教育为主的青春期应学习社会科学知识。过去说寓言、历史、古典语文是不必学的，如今应该学了。因为学寓言，可以使人们从中获取教益；学历史可知古察今，学古典语可理解语言艺术的规律。这就说明，卢梭虽然反对腐朽的古典主义的教学内容，却不反对学习古典的知识，两者并非等同。前者把青年引向故纸堆，使他们泥古而忽今，食古而不化；后者要求知晓古代文化，吸取其精华，借鉴其得失，从而博古通今和古为今用。在教学方法上，卢梭反对教条主义而着重行以求知。他劝说教师放弃冗长的讲述，使更多的教学渗透在师生的共同活动之中。他认为教学中最重要的是启发儿童、青年的自觉性，为此特别重视动机、兴趣和需要在学习中的作用。卢梭十分重视直观教学法，他认为唯有对事物有了直接的接触和观察，才能确实了解事物的主义和观念。他甚至认为，仪器、模型等设备扰乱儿童的学习，都该弃而不用，对实际事物直接观察才是最有效的方法。卢梭还十分强调学生的独立思考和独立判断，对填鸭式、命令式的教学方法则极为厌恶。另外，卢梭还告诫教师要根据儿童的理解水平来选择学习内容。"永远不要把儿童不能理解的东西向儿童讲述。"为了保持知识的正确性和巩固性，他主张要恰当安排儿童的学习速度，不急于求成，不贪多图快，不好高骛远，他这些改革知识教学的内容和方法的新见解，对于我们今天的教学改革也富有启示。

性的教育由于性欲发动是青春期的特征，卢梭比教育史上的其他任何教育家都注重对青少年进行性的教育。他主张对青少年性成熟时期以适当的性道德和性知识的教育，使青少年对"性"的自然发展有一个正确的认识，从而能够"行为端正"。卢梭既反对禁欲主义，又反对纵欲主义，主张顺应自然发展，既不盲目抑制，也不妄加激动。为了防止性欲早熟，卢梭认为，应使青少年远离不正当的诱惑。教师要用适宜的工作和活动来吸引青少年的注意，使他们的精力有发输的渠道。谈到儿童对性的好奇心，卢梭强调应不给它以唤起的机会，更不可刺激他的好奇心，要尽可能避免涉及性生活的问题。但如果这类问题提出来了，教师"宁可对儿童闭口不言，而不要告他以谎言。"这样不会使儿童感到奇怪，因为教师从来就不答复他认为不适合儿童理解的问题。如果认为有必要回答，那么"你的答复永远必须是严正、简当而确定的；不要露出迟疑的神情。回答的内容应当真实，那更不必说了。"卢梭由此批评过去的教育在性的问题上一味欺瞒儿童的做法，认为这样反而会促使儿童去学习不正当的性知识。对于男女间的爱情，卢梭认为不应使之成为理性教育的障碍，而应成为理性教育的手段。他认为人类始终要从天性本身去寻找控制天性的适当工具，只能利用欲念的威力去抵抗欲念的暴虐。他说："我不怕促使爱弥儿心中产生他所渴望的爱情，我要把爱情描写成生活中的最大快乐，并使他对荒淫的行为感到可鄙，我要使他成为情人的同时，成为一个好人。"这些观点，对后世各国实施正确的性教育，产生了深远影响。

在艺术上，卢梭认为音乐的本质是对情感的模仿，而音乐和语言共同源自人类表达激情的需要。在卢梭看来，音乐就一般意义上具有两个层面：即作为艺术的音乐和作为科学的音乐，虽然在这里他没有指出二者的关系，但从以后的叙述中可以发现，在卢梭那里，科学的音乐是应当服从或服务于艺术的音乐的。首先，"音乐被自然地分为理论音乐和实践音乐两类"，所谓"理论音乐"，是有关"音乐的材质的知识"，即我们所谓的乐理；而"实践音乐"是"运用这些理论原则的艺术"，即我们所说的作曲。这种分类法不过是作者引述前人的定见，不难看出，它针对的是作为科学的音乐，而与音乐作用于我们的心灵与否无关。随即，卢梭从"艺术的音乐"角度提出了自己的分类法："我们可以并且应当将音乐分为'自然的'和'模仿的'"。在他看来，"自然的音乐"只是从物理层面上作用于感官，使人产生出单纯的快感，"而一点不会给心灵留下印象"，这种音乐，以卢梭的审美口味观之，缺乏情感与道德的意义。这类音乐，包括歌曲、颂歌、短歌等，这些音乐"不过是将曲调合在一块儿，不过是和声化的音乐"。而与之相对，"模仿的音乐""以生气勃勃的抑扬顿挫，表现各种感情，描绘各种图景，叙述各种事物，使（音乐的）全部天性服从于精妙的模仿，将能打动人类的情感带给心灵"。而这样的音乐就是用于戏剧或舞台上的音乐，是与语言声调结合的旋律，能情动于中，移风易俗，它的典范便是古希腊的诗剧。古希腊诗乐一体的艺术在卢梭看来，永远是音乐和诗歌的最高典范，最完美地体现出音乐的情感本质，而古希腊音乐的某些形态特征被他视作优秀的音乐所必备的要素。在这里，诗歌和旋律都是极为自然而简朴的，有明确易懂的含义，具有生动的表情，符合道德和情感的目的，是典范的文学与音乐。在卢梭看来，随着理性的进步，语言和音乐自身的法则都不断完善，从而导致了二者的分离。这种"理性"实在是野蛮人入侵欧洲后荡涤一切古代的优秀文明后，在中世纪不毛的废墟中，在和荷马、品达与萨福的时代决然隔离的环境中逐渐生发的。就音乐来说，旋律的主体地位被对位与和声所取代，这就意味着音乐不再是对激情的模仿和对语言的衬托，而成为一种建立在数理基础上的自在体系的产物，这种音乐是"自然的"而非"模仿的"，它只具有物理的作用，而不能对人的心灵产生情感和道德的作用。在这种音乐语法之下，古代音乐所具有的丰富材料

（如各种调式、旋律和音阶）逐渐被遗忘，而一种貌似严密、富于逻辑性的和声功能体系篡夺了原先旋律的中心地位。

经典篇章

《社会契约论》节选

1. 第一卷的题旨

人是生而自由的，但却无往不在枷锁之中。自以为是其他一切的主人的人，反而比其他一切更是奴隶。这种变化是怎样形成的？我不清楚。是什么才使这种变化成为合法的？我自信能够解答这个问题。

如果我仅仅考虑强力以及由强力所得出的效果，我就要说："当人民被迫服从而服从时，他们做得对；但是，一旦人民可以打破自己身上的桎梏而打破它时，他们就做得更对。因为人民正是根据别人剥夺他们的自由时所根据的那种同样的权利，来恢复自己的自由的，所以人民就有理由重新获得自由；否则别人当初夺去他们的自由就是毫无理由的了。"社会秩序乃是为其他一切权利提供了基础的一项神圣权利。然而这项权利绝不是出于自然，而是建立在约定之上的。问题在于懂得这些约定是什么。但是在谈到这一点之前，我应该先确定我所要提出的东西。

2. 论最强者的权利

即使是最强者也决不会强得足以永远做主人，除非他把自己的强力转化为权利，把服从转化为义务。由此就出现了最强者的权利。这种权利表面上看来像是讥讽，但实际上已经被确定为一种原则了。难道人们就不能为我们解释一下这个名词吗？强力是一种物理的力量，我看不出强力的作用可以产生什么道德。向强力屈服，只是一种必要的行为，而不是一种意志的行为；它最多也不过是一种明智的行为而已。在哪种意义上，它才可能是一种义务呢？

姑且假设有这种所谓的权利。我认为其结果也不外乎是产生一种无法自圆的胡说。因为只要形成权利的是强力，结果就随原因而改变；于是，凡是凌驾于前一种强力之上的强力，也就接替了它的权利。只要人们不服从而能不受惩罚，人们就可以合法地不再服从；而且，既然最强者总是有理的，所以问题就只在于怎样做才能使自己成为最强者。然而这种随强力的终止便告消灭的权利，又算是什么一种权利呢？如果必须要用强力使人服从，人们就无须根据义务而服从了；因而，只要人们不再是被迫服从时，他们也就不再有服从的义务。可见权利一词，并没有给强力增添任何新东西；它在这里完全没有任何意义。

你应该服从权力。如果说，应该向强力屈服，那么这条诫命虽然很好，却是多余的；我可以担保它永远都不会被人破坏。一切权力都来自上帝，这一点我承认；可是一切疾病也都来自上帝。难道这就是说，应该禁止人去请医生吗？假如强盗在森林的角落里抓住了我；不仅是由于强力我必须得把钱包交出来，而且如果我不能藏起钱包来，我在良心上是不是得不把它交出来？因为毕竟强盗拿着的手枪也是一种权力啊。

那么，就让我们承认：强力并不构成权利，而人们只是对合法的权力才有服从的义务。这样，就总归要回到我的原始的问题上面来。

3. 论总需追溯到一个最初的约定

……格劳秀斯说，人民可以把自己奉送给一位国王。然则，按照格劳秀斯的说法，在把自己奉送给国王之前，人民就已经是人民了。这一奉送行为的本身就是一种政治行为，它假设有一种公共的意愿。因此，在考察人民选出一位国王这一行为以前，最好还是先考察一下人民是通过什么行为而成为人民的。因为后一行为必然先于前一行为，所以它是社会的真正基础。

事实上，假如根本就没有事先的约定的话，除非选举真是全体一致的，不然，少数人服从多数人的抉择这一义务又从何而来呢？同意某一个主人的一百个人，又何以有权为根本不同意这个主人的另外十个人进行投票呢？多数表决的规则，其本身就是一种约定的确立，并且假定至少是有过一次全体一致的同意。

4. 论社会公约

我设想，人类曾达到过这样一种境地，当时自然状态中不利于人类生存的种种障碍，在阻力上已超过了每个个人在那种状态中为了自存所能运用的力量。于是，那种原始状态便不能继续维持；并且人类如果不改变其生存方式，就会消灭。

然而，人类不能产生新的力量，只能是结合并运用已有的力量；所以人类便没有别的办法可以自存，除非是集合起来形成一种力量的总和才能够克服这种阻力，由一个唯一的动力把它们发动起来，并使它们共同协作。

这种力量的总和，只有由许多人的汇合才能产生；但是，既然每个人的力量和自由是他生存的主要手段，他又如何能致身于力量的总和，而同时既不致妨害自己，又不致忽略对于自己所应有的关怀呢？这一困难，就我的主题而言，可以表述为下列的词句："要寻找出一种结合的形式，使它能以全部共同的力量来卫护和保障每个结合者的人身和财富，并且由于这一结合而使每一个与全体相联合的个人又只不过是在服从自己本人，并且仍然像以往一样地自由。"这就是社会契约所要解决的根本问题。

这一契约的条款乃是这样地被订约的性质所决定，以至于就连最微小的一点修改也会使它们变成空洞无效的；从而，尽管这些条款也许从来就不曾正式被人宣告过，然而它们在普天之下都是同样的，在普天之下都是为人所默认或者公认的。这个社会公约一旦遭到破坏，每个人就立刻恢复了他原来的权利，并在丧失约定的自由时，又重新获得了他为了约定的自由而放弃的自己的天然的自由。

这些条款无疑可以全部归结为一句话，那就是：每个结合者及其自身的一切权利全部都转让给整个的集体。

首先，每个人都把自己全部地奉献出来，所以对于所有的人条件便都是同等的，而条件对于所有的人既都是同等的，便没有人想要使它成为别人的负担了。

其次，转让是毫无保留的，所以联合体也就会尽可能地完美，而每个结合者也就不会再有什么要求了。因为，假如个人保留了某些权利的话，既然个人与公众之间不能够再有任何共同的上级来裁决，而每个人在某些事情上又是自己的裁判者，那么他很快就会要求事事都如此；于是自然状态便会继续下去，而结合就必然地会变为暴政或者是空话。

最后，每个人既然是向全体奉献出自己，他就并没有向任何人奉献出自己；而且既然从任何一个结合者那里，人们都可以获得自己本身所渡让给他的同样的权利，所以人们就得到了自己所丧失的一切东西的等价物以及更大的力量来保全自己的所有。

因而，如果我们撇开社会公约中一切非本质的东西，我们就会发现社会公约可以简化为如下的词句：我们每个人都以其自身及其全部的力量共同置于公意的最高指导之下，并且我们在共同体中接纳每一个成员作为全体之不可分割的一部分。

只是一瞬间，这一结合行为就产生了一个道德的与集体的共同体，以代替每个订约者的个人；组成共同体的成员数目就等于大会中所有的票数，而共同体就以这同一个行为获得了它的统一性、它的公共的大我、它的生命和它的意志。这一由全体个人的结合所形成的公共人格，以前称为城邦，现在则称为共和国或政治体；当它是被动时，它的成员就称它为国家；当它是主动时，就称它为主权者；而以之和它的同类相比较时，则称它为政权。至于结合者，他们集体地就称为人民；个别地，作为主权权威的参与者，就叫做公民，作为国家法律的服从者，就叫做臣民。但是这些名词往往互相混淆，彼此通用；只要我们在以其完全的精确性使用它们时，知道加以区别就够了。

第十三章

亚当·斯密的经济学说

背景链接

亚当·斯密是经济学的主要创立者。1723 年出生在苏格兰法夫郡的寇克卡迪。父亲也叫亚当·斯密，是律师，也是苏格兰的军法官和寇克卡迪的海关监督，在亚当·斯密出生前几个月去世；母亲玛格丽特是法夫郡斯特拉森德利大地主约翰·道格拉斯的女儿，亚当·斯密一生与母亲相依为命，终身未娶。

1723 ~ 1740 年间，亚当·斯密在家乡苏格兰求学，在格拉斯哥大学时期完成拉丁语、希腊语、数学和伦理学等课程；1740 ~ 1746 年间，赴牛津大学求学，但在牛津并未获得良好的教育；1750 年后，亚当·斯密在格拉斯哥大学不仅担任过逻辑学和道德哲学教授，还兼负责学校行政事务，一直到 1764 年离开为止；这时期中，于 1759 年出版的《道德情操论》，1768 年开始着手著述《国家财富的性质和原因的研究》(简称《国富论》)；1776 年 3 月此书出版后引起大众广泛的讨论，影响所及除了英国本地，连欧洲大陆和美洲也为之疯狂，因此世人尊称亚当·斯密为"现代经济学之父"和"自由企业的守护神"。1778 ~ 1790 年间，亚当·斯密与母亲和阿姨在爱丁堡定居，1787 年被选为格拉斯哥大学荣誉校长，也被任命为苏格兰的海关和盐税专员。1784 年亚当·斯密出席格拉斯哥大学校长任命仪式，因亚当·斯密之母于 1754 年 5 月去世所以迟未上任；直到 1787 年才担任校长职位至 1789 年。亚当·斯密在去世前将自己的手稿全数销毁，于 1790 年 7 月 17 日与世长辞，享年 67 岁。

思想综述

亚当·斯密首次提出了全面系统的经济学说，为该领域的发展打下了良好的基础。因此可以说《国富论》是现代政治经济学研究的起点。《国富论》一书成为针对重商主义（认为大量储备贵金属是经济成功所不可或缺的理论）最经典的反驳，也否定了重农主义学派对于土地的重视，相反的，斯密认为劳动才是最重要的，而劳动分工将能大大提升生产效率。

亚当·斯密认为，分工的起源是由人的才能具有自然差异，那是起因于人类独有的交换与易货倾向，交换及易货系属私利行为，其利益决定于分工，假定个人乐于专业化及提高生产力，经由剩余产品之交换行为，促使个人增加财富，此等过程将扩大社会生产，促进社会繁荣，并达私利与公益之调和。斯密说：一个劳动者，如果对于这职业（分工的结果，使扣针的制造成为一种专门职业）没有受过相当训练，又不知怎样使用这职业上的机械（使这种机械有发明的可能的，恐怕也是分工的结果），那么纵使竭力工作，也许一天也制造不出一枚扣针，要做二十枚，当然是绝不可能了。但按照现在经营的方法，不但这种作业全部已经成为专门职业，而且这种职业分成若干部门，其中有大多数也同样成为专门职业。分工促进劳动生产力的原因有三：第一，劳动者的技巧因专业而日进；第二，由一种工作转到另一种工作，通常需损失不少时间，有了分工，就可以免除这种损失；第三，许多简化劳动和缩减劳动的机械发明，只有在分工的基础上方才可能。斯密有句名言："请给我以我所要的东西吧，同时，你也可以获得你所要的东西。"斯密认为，人们在经济活动中追求个人利益，正因为每个人都有利己主义，所以，每个人的利己主义又必然被其他人的利己主义所限制，这就迫使每个人必须顾及他人的正当利益，由此而产生了社会利益，社会利益正是以个人利益为立脚点的。这就是所谓"经济人"观点，后来成为整个资本主义管理的理论基础。"胡萝卜加大棒"的管理方式便是在这种理论基础上产生的。

斯密的货币理论认为，货币的首要功能是流通手段，持有人持有货币是为了购买其他物品。当物物交换发展到以货币为媒介的交换后，商品的价值就用货币来衡量。这时，便产生了货币的另一功能——价值尺度。亚当·斯密也谈到货币的储藏功能、支付功能。但是，他特别强调货币的流通功能。提及价值问题，亚当·斯密首次较为系统地论述了劳动价值论，这是其理论体系的基础与核心部分。亚当·斯密指出，劳动是财富的源泉。他认为，一个国家的国民每年的劳动，原本就是供给他们每年消费的所有生活必需品与便利品的来源。从劳动的一般抽象意义上来讲，这是非常大的进步。这让他更为便利地对生产劳动部门和非生产劳动部门进行了划分，也为劳动价值论的创立提供了条件。此外，斯密的价值理论又是二元的。一方面，他认为，"劳动是衡量一切商品交换价值的真实尺度。"商品的价值决定于"获得它的辛苦与麻烦"，即决定于生产商品所耗费的必要劳动量；另一方面，他又认为商品价值"等于它使他们能够购买或支配的劳动量"，或等于它所能购买到的"劳动的价值"。亚当·斯密的分配论，是劳动工资、资本利润及土地地租自然率之决定理论。亚当·斯密指出，尽管雇主拥有抑低工资的力量，工资仍有其最低水平，此一最低水平是劳动者必须能够维持基本生活，假定社会工人需求增加或工资基金提高，工资将高于最低水平。就另一角度言之，一国国富、资本或所得增加，将促使工资上涨，工资上涨则促进人口增加。资本利润之高低如同劳动工资，决定于社会财富之增减，资本增加固可促使工资上涨，却使利润为之下降。亚当·斯密指出，假定商人投资同一事业，因为彼此相互竞争，自然致使利润率降低。地租系指对土地使用所支付的价格。亚当·斯密认为，地租高低与土地肥沃程度及市场远近有关。资本累积是大量进行分工必备的另一要素。分工的扩张与生产效率的提高与资本的总额成正比。资本的累积必须在分工之前进行，因为分工需要使用许多特殊的设备与机械料，样样都需要以资本来购取。分工愈细，工具的需要愈多，资本愈显得重要。透过分工过程，可增加劳动生产量，提高国民所得，增强国民储蓄意愿与能力。

斯密提出了著名的税收四原则，即税收平等原则、税收确定原则、税收便利原则和税收经济原则。斯密认为"一国国民，都须在可能范围内，按照各自能力的比例，即各自在国家保护下享有收入的比例，缴纳国赋，维持政府。"税收平等原则包括以下的含义：主张所有公民应平等纳税，反对贵族免税特权，反对按身份定税以及富者轻税平民重税的不公平情况；税收应均衡地分担到地租、利润和工资上，不应仅由其中一种收入负担，这样是不公平的；按照自然形成的社会财富分配情况，按比例税率征税，税收不要干预社会财富的分配，此点具有税收中性的含义。税收确定原则是指公民应缴纳的税收，必须是明确规定的不得随意变更。如纳税日期、纳税方法、缴纳数额等，都应当让所有的纳税人及其他人了解清楚，否则纳税人将不免要受税吏权力的任意左右。这一原则是为了杜绝征税人的任意专断征税，加重税收负担，以及恐吓、勒索等行为的。斯密认为税收不确定比税收不公平对人民的危害更为严重。税收便利原则是指纳税日期和纳税方法，应该给纳税人以最大的方便。如纳税时期，应该规定在纳税人收入丰裕的时期；征收方法，应力求简便易行；征收地点，应该设立在交通便利的场所；征收形式，应该尽量采取货币征收，以避免因运输事物增加纳税人的负担等。税收经济原则即最少征收费用的原则，指在征税时要尽量节约征收费用，使纳税人付出的，应该尽可能等于国家所收入的。这一原则是针对当时税收制度致使征收费用过高的弊端提出的。一是税吏过多，不仅耗去相当部分税收作为税吏的薪俸，而且还在征税以外，苛索人民，增加负担；二是税收妨碍人民的勤劳和产业的经营，减少或破坏了可供纳税的基金；三是不适当的税收可能成为逃税的诱因，严惩逃税，又将引起倾家荡产，违反了一般的正义原则；四是税吏的频繁访问和检查，这些虽然不会给纳税人带来金钱上的损失，但将会给纳税人带来不必要的烦忧。在斯密的税收四原则中，第一条是税收的负担公平原则，其余三条是属于税务行政方面的原则。斯密所处的时代，是英国工场手工业开始向大工业过渡，资本主义上升的时期。他的课税原则，是针对当时封建主义苛重复杂的税收制度，税负不公以及征收机构的腐败苛扰情况，在总结吸取前人的课税原则的基础上提出的。它反映了资本主义上升时期资产阶级的利益要求。对资本主义课税原则理论有重要的影响，同时也成为资本主义国家政府制定税收政策和税收制度的理论指导。

斯密在《国富论》中综合了自由主义经济学说和财政学说，极力主张自由放任和自由竞争，政府应减少干预或不干预经济，他的这种思想通过所谓的"廉价政府""夜警政府"得以充分体现。他认为国家对民间资本征税，会相应地削弱经济发展的能力。《国富论》第五篇讨论了君主或国家的收入，对如下几点作了详尽的说明：（1）什么是国家的必要费用？其中，哪些部分应该出自赋税；（2）赋税是怎样募集的？各种筹集方法有何利弊；（3）国家为何要举债？债务对于真实财富有什么影响？因而，斯密是把课税原则明确化、系统化的第一人。从经济自由主义立场出发，他提出了平等、确实、便利、节约的著名的四大原则。虽然斯密的税收四原则反映了自由资本主义对税收政策方面的基本要求，但毕竟是在特殊的历史时期所做出的总结。鉴于不同的国家和不同的历史时期对税收政策有着不同的需要，这就注定了它需要根据时代的发展而发展，而不能仅仅局限在为自由资本主义服务。但斯密本人在列举各国在征收特定税时，并不总是完全遵守上述四原则。如地租税就违反了第一原则，但符合其他三原则；什一税及其他一切类似土地税，表面看似乎十分公平，其实极不公平；营业利润税由于在操作上只能实行大小店铺多寡一律的方式，因而也是不公平的；房租可以区分为两个部分："其一，或可称为建筑物；其二，通常称为地皮租。"因而房租税也往往会自行区分为两部分：一部分由住户担当，一部分由地皮主支出。而由于房租对于全部生活费的比例，是随财产的多寡而不同的，所以房租税的负担一般是以富者为最重，这被认为是公平的。但要相当正确地确定各房屋的实际房租，则是十分困难的。因此，在规定房屋税时就根据一些比较明显的事实，比如炉捐和窗税来代替。因而是不符合确定性原则的。人头税如企图按照各纳税者的财富或收入比例征收，那就要完全成为任意的了。如按照每个纳税人的身份征收，那就完全成为不公平的。因同一身份的人，其富裕程度常不一样。"因此，这类税，如企图使其公平，就要求完全成为任意的，不确定的；如企图使其确定而不流于任意，就要完全成为不公平的。不论税率为重为轻，不确定总是不满的大原因。在轻税，人们或可容忍很大的不公平；在重税，一点的不公平，都是难堪的。"课加在低收入者身上的人头税，实质就是一种对劳动工资的直接税。由于对低收入者是依其推定的财富程度征收，因而具有种种不便利性。但征收这种税有两个好处，"其一是收入稳定；其二是所费有限"。此外，是否能使征税做到公平，还要依赖于税负转嫁的情况，并不仅仅是取决于表面上的公平。

因劳动者的工资受到两种不同因素的支配，即劳动的需要和食物的普通或平均价格，所以"对劳动工资所得课税虽可能由劳动者付出，但严格地说，在课税后劳动需要及食物价格仍保持课税前的原状时，所交税款其实都是直接由雇他的人垫支的。"而雇主一般是会将所垫款项转嫁到货物价格上的，因此，工资提高额及利润增加额最终都是归消费者支付。所以，将劳动工资列为征税对象不一定就能使税后工资趋于公平。对消费品征税则要依据不同的情况来确定转嫁问题。斯密将消费品分为必需品和奢侈品，必需品是指"不但是维持生活上必不可少的商品，而且是按照一国习俗，少了它，体面人固不待说，就是最低阶级人民，亦觉有伤体面的那一切商品。"此外，一切其他物品即是奢侈品。由于劳动工资部分地受生活必需品的平均价格的支配，所以凡提高其平均价格的事物都会造成对工资提高的压力。因此，对生活必需品课税和对劳动工资直接课税所产生的影响是相同的。"这种税最终总是通过增加的工资而由其直接雇主垫还给他，而雇主则将增加的工资，连同一定的增加利润，转嫁到货物价格上去。所以，此税的最后支付以及连这增加利润的支付，将由消费者负担。"对奢侈品的征税则并不一定会引起劳动工资的增高。而且，除这奢侈品本身的价格外，其他任何商品的价格不会因此而提高。对必需品征税则会引起其他一切商品价格的连锁上涨。

国富论中的哲学基础说明要获得协助，不能只依赖他人的同情心或利他主义，还要靠激起他人的利己心来实现。换言之，在经济生活中，一切行为的原动力主要是利己心而不是同情心或利他主义。作为一个经济原动力的利己心，同时也是一个经济交换的基础。要从别人那里获得自己所需要的东西，必须给别人所需要的东西。于是，就有分工、有交换、有价值、有货币等等现象产生。人们在利己心的支配下做各种劳动，从而构成了私人财富和社会财富的源泉。将利己心看作人的本性，将经济活动看作利己心作用的结果，实际上反映了一切经济现象是客观的，都受某种自然规律的支配。既然利己心是人的天性，是自然赋予的，追求个人利益就成了自然之理，对追求个人利益的活动就不应限制，亚当·斯密认为私利与公益似由"一只看不见的手"所引导，一步一步趋向和谐与均衡，此乃自然秩序的本质。国富论一书的重点之一便是自由市场，自由市场表面看似混乱而毫无拘束，实际上却是由一双被称为"看不见的手"所指引，将会引导市场生产出正确的产品数量和种类。举例而言，如果产品发生短缺，产品的价格便会高涨，生产这种产品所能得到的利润便会刺激其他人也加入生产，最后便消除了短缺。如果许多产品进入了市场，生产者之间的竞争将会增加，供给的增加会将产品的价格降低至接近产品的生产成本。即使产品的利润接近于零，生产产品和服务的利润刺激也不会消失，因为产品的所有成本也包括了生产者的薪水在内。如果价格降低至零利润后仍继续下跌，生产者将会脱离市场；如果价格高于零利润，生产者将会进入市场。斯密认为人的动机都是自私而贪婪的，自由市场的竞争将能利用这样的人性来降低价格，进而造福整个社会，而提供更多产品和服务仍具有利润的刺激。不过，斯密也对商人保持戒心，并且反对垄断的形成。斯密也大力批评过时的政府管制，他认为那些管制将会阻挠产业的扩展。事实上，斯密反对绝大多数政府管制经济的行为，包括关税在内，他认为关税最终将导致长期的效率低落以及价格的居高不下。

　　《道德情操论》是斯密的另一著作，建构了一个广义道德哲学的体系框架。《道德情操论》的重点在狭义的伦理学，但是它所建构的是一个广义道德哲学的体系框架，与斯密的法学思想和经济思想有着不可分割的关联。因为政治经济学在斯密那里是政治家如何富国裕民的学问。可见，斯密是把经济问题同法律和道德联系在一起考察的大思想家。无论人们对于他的经济思想与法学（包括政治、伦理思想）之间的关系作何种理解和解释，这三者之间的内在关系是客观存在的。这是斯密作为一个大思想家的特色。在这一意义上，我们有理由说，不了解他的伦理和法学思想，也就难以把握他的经济思想；不了解《道德情操论》，就难以了解一个全面真实的斯密，也就难以准确地理解《国富论》。在斯密看来，要回答以下两个问题：一是美德或美好的品行究竟是什么？一是美德依托人们心理中的哪些机制才能形成，或者说，依托什么样的机制，我们会赞许某一种行为取向，又会责备另一些行为取向？《道德情操论》认为：无论人们会认为某人怎样自私，这个人天赋中明显的存在一种本性，使他关心别人的命运，把别人的幸福看成自己的事情，虽然他除了看到别人幸福而感到高兴之外，一无所得。这种本性就是同情。斯密把这里所说的"同情"称之为"原始的情感"，也就是一种普通人都有的平常心理活动，不只是品行高尚的人才具备。它是"人与人之间的激情上的共鸣"，也就是俗话所说的"感同身受"。由于具备了"同情"这种原始情感，人们在社会生活的经验中会习惯于用他人的眼光来看待自己的情感和行为。于是，人们在内心中就有了一个"公正的旁观者"。久而久之，就有了一个内心的法官和仲裁人，也就是通常所说的良心。它可以使我们看清与自己相关的事情，对自己的利益和他人的利益作出合宜的比较，使我们能够保持一种合宜的情感和感觉，从而有是非之心，有追随、赞许美德并谴责恶行的道德情感。

斯密将美德区分为两类。第一类美德，可以说是出自对自己的幸福（如身体、财富、地位和名誉等等）的关心。这种关心的合宜性，就是谨慎之德。其要旨是：以谨慎求得安全。具体地说，要增进财富，就要依靠在自己的行业或职业中的真才实学，在日常工作中的乐观和勤勉，以及花费中的节约，甚至某种程度的吝啬。为此，就要认真学习，掌握真才实学。不欺骗，不夸示自己的才能，摈弃骗取信任的胡吹乱扯，依靠真实的本领和知识来获取职业中的信誉。第二类美德涉及对别人有益或有害，主要是指仁慈和正义。仁慈和友好的激情，主要包括宽宏、人道、善良、怜悯、相互之间的友谊和尊重等等。如何与不同的人保持合宜的感情，就是仁慈之德要回答的问题。

斯密期望，经由市场达致富国裕民，必须与道德的维系和提升一致起来。斯密乐观地相信，"富之路"与"德之路"能够统一。一方面，他肯定个体觉醒、个人合法追求幸福生活的条件下，道德既是必要的，也是有可能的；另一方面，他又要肯定在这种条件下，关注他人的幸福也是重要的，爱国之心是值得追求的。一方面，他要尽力避免把市场看作是一个非道德的场所，反对那种认为市场不需要道德来维系的道德虚无主义；另一方面，他又要避免以维系道德为由来否定经济动机解放的进步意义。这是他试图为解决市场经济与道德进步之间的关系所做的尝试。

《国富论》讲的是建立在交换基础上的劳动分工是社会经济发展和财富增长的基本原因，其机制条件是充分发挥市场配置资源的作用，而尽可能地避免因政府权力的干涉所导致的扭曲；《道德情操论》讲的则是，社会经济发展的目的是国家富强和以全民共享经济发展成果为基础的生活幸福，而充分发挥市场配置资源作用的一个基本保障要求是道德，是生活在市场经济制度中的人们需要普遍地具有一种被他称之为"合宜感"的美德。

经典篇章

《国富论》节选

论分工

劳动生产力上最大的增进，以及运用劳动时所表现的更大的熟练、技巧和判断力，似乎都是分工的结果。

为使读者易于理解社会一般业务分工所产生的结果，我现在来讨论个别制造业分工状况。一般人认为，分工最完全的制造业，乃是一些极不重要的制造业。不重要制造业的分工，实际上并不比重要制造业的分工更为周密。但是，目的在于供给少数人小量需要的不重要制造业，所雇用的劳动者人数，必然不多，而从事各部门工作的工人，往往可集合在同一工厂内，使观察者能一览无遗。反之，那些大制造业，要供给大多数人的大量需要，所以，各工作部门都雇有许许多多劳动者，要把这许许多多劳动者集合在一个厂内，势不可能。我们要同时看见一个部门以上的工人，也不可能。像这种大制造业的工作，尽管实际上比小制造业分成多得多的部分，但因为这种划分不能像小制造业的划分那么明显，所以很少人注意到。

扣针制造业是极微小的了，但它的分工往往唤起人们的注意。所以，我把它引来作为例子。一个劳动者，如果对于这职业（分工的结果，使扣针的制造成为一种专门职业）没有受过相当训练，又不知怎样使用这职业上的机械（使这种机械有发明的可能的，恐怕也是分工的结果），那么纵使竭力工作，也许一天也制造不出一枚扣针，要做 20 枚，当然是绝不可能了。但按照现在经营的方法，不但这种作业全部已经成为专门职业，而且这种职业分成若干部门，其中有大多数也同样成为专门职业。一个人抽铁线，一个人拉直，一个人切截，一个人削尖线的一端，一个人磨另一端，以便装上圆头。要做圆头，就需要有两三种不同的操作。装圆头、涂白色、乃至包装，都是专门的职业。这样，扣针的制造分为 18 种操作。有些工厂，这 18 种操作，分由 18 个专门工人担任。固然，有时一人也兼任二三门。我见过一个这种小工厂，只雇用 10 个工人，因此在这一个工厂中，有几个工人担任两三种操作。像这样一个小工厂的工人，虽很穷困，他们的必要机械设备，虽很简陋，但他们如果勤勉努力，一日也能成针 12 磅。以每磅中等针有 4000 枚计，这 10 个工人每日就可成针 4.8 万枚，即一人一日可成针 4800 枚。如果他们各自独立工作，不专习一种特殊业务，那么，他们不论是谁，绝对不能一日制造 20 枚针，说不定一天连一枚针也制造不出来。他们不但不能制出今日由适当分工合作而制成的数量的 1／240，就连这数量的 1／4800，恐怕也制造不出来。

就其他各种工艺及制造业说，虽有许多不能作这样细密的分工，其操作也不能变得这样简单，但分工的效果总是一样的。凡能采用分工制的工艺，一经采用分工制，便相应地增进劳动的生产力。各种行业之所以各各分立，似乎也是由于分工有这种好处。一个国家的产业与劳动生产力的增进程度如果是极高的，则其各种行业的分工一般也都达到极高的程度。未开化社会中一人独任的工作，在进步的社会中，一般都成为几个人分任的工作。在进步的社会中，农民一般只是农民，制造者只是制造者。而且，生产一种完全制造品所必要的劳动，也往往分由许多劳动者担任。试以麻织业和毛织业为例，从亚麻及羊毛的生产到麻布的漂白和烫平或呢绒的染色和最后一道加工，各部门所使用的不同技艺是那么多啊！农业由于它的性质，不能有像制造业那样细密的分工，各种工作，不能像制造业那样判然分立。木匠的职业与铁匠的职业，通常是截然分开的，但畜牧者的业务与种稻者的业务，不能像前者那样完全分开。纺工和织工，几乎都是个别的两个人，但锄耕、耙掘、播种和收割，却常由一人兼任。农业上种种劳动，随季节推移而巡回，要指定一个人只从事一种劳动，事实上绝不可能。所以，农业上劳动生产力的增进，总跟不上制造业上劳动生产力的增进的主要原因，也许就是农业不能采用完全的分工制度。现在最富裕的国家，固然在农业和制造业上都优于邻国，但制造业方面的优越程度，必定大于农业方面的优越程度。富国的土地，一般都耕耘得较好，投在土地上的劳动与费用也比较多，生产出来的产品按照土地面积与肥沃的比例来说也较多；但是，这样较大的生产量很少在比例上大大超过所花的较大劳动量和费用。在农业方面，富国劳动生产力未必都比贫国劳动生产力大得多，至少不像制造业方一般情况那样大得多。所以，如果品质同样优良，富国小麦在市场上的售价，未必都比贫国低廉。就富裕和进步的程度说，法国远胜于波兰，但波兰小麦的价格，与品质同样优良的法国小麦同样低廉。与英格兰比较，论富裕，论进步，法国可能要逊一筹，但法国出产的小麦，其品质之优良完全和英格兰小麦相同，而且在太多数年头，两者的价格也大致相同，可见，英格兰的麦田耕种得比法国好，而法国的麦田，据说耕种得比波兰好得多。贫国的耕作，尽管不及富国，但贫国生产的小麦，在品质优良及售价低廉方面，却能在相当程度上与富国竞争。但是，贫国在制造业上不能和富国竞争；至少在富国土壤气候位置适宜于这类制造业的场合，贫国不能和富国竞争。法国绸之所以比英国绸又好又便宜，就是因为织绸业，至少在今日原丝进口税很高的条件下，更适合于法国气候，而不十分适合于英国气候。但英国的铁器和粗毛织物，却远胜于法国，而且品质同样优良的英国货品，在价格上比法国低廉得多。据说，波兰除了少数立国所需的粗糙家庭制造业外，几乎没有什么制造业。

有了分工，同数劳动者就能完成比过去多得多的工作量，其原因有三：第一，劳动者的技巧因业专而日进；第二，由一种工作转到另一种工作，通常须损失不少时间，有了分工，就可以免除这种损失；第三，许多简化劳动和缩减劳动的机械的发明，使一个人能够做许多人的工作。

第一，劳动者熟练程度的增进，势必增加他所能完成的工作量。分工实施的结果，各劳动者的业务，既然终生局限于一种单纯操作，当然能够太大增进自己的熟练程度。惯于使用铁锤而不曾练习制铁钉的普通铁匠，一旦因特殊事故，必须制钉时，我敢说，他一天至多能做出二三百枚钉来，而且质量还拙劣不堪。即使惯于制钉，但若不以制钉为主业或专业，就是竭力工作，也不会一天制造出 800 枚或 1000 枚以上。我看见过几个专以制钉为业的不满 20 岁的青年人，在尽力工作时，每人每日能制造 2300 多枚。可是，制钉绝不是最简单的操作。同一劳动者，要鼓炉、调整火力，要烧铁挥锤打制，在打制钉头时还得调换工具。比较起来，制扣针和制金属纽扣所需的各项操作要简单得多，而以此为终生业务的人，其熟练程度通常也高得多。所以，在此等制造业中，有几种操作的迅速程度简直使人难于想象，如果你不曾亲眼见过，你决不会相信人的手能有这样大的本领。

第二，由一种工作转到另一种工作，常要损失一些时间，因节省这种时间而得到的利益，比我们骤看到时所想象的大得多。不可能很快地从一种工作转到使用完全不相同工具而且在不同地方进行的另一种工作。耕作小农地的乡村织工，由织机转到耕地。又由耕地转到织机，一定要虚费许多时间。诚然，这两种技艺，如果能在同一厂坊内进行，那么时间上的损失，无疑要少得多，但即使如此，损失还是很大。人由一种工作转到另一种工作时，通常要闲逛一会儿。在开始新工作之初，势难立即精神贯注地积极工作，总不免心不在焉。而且在相当时间内，与其说他是在工作，倒不如说他是在开玩笑。闲荡、偷懒、随便这种种习惯，对于每半小时要换一次工作和工具，而且一生中几乎每天必须从事20项不同工作的农村劳动者，可说是自然会养成的，甚而可说必然会养成的。这种种习惯，使农村劳动者常流于迟缓懒惰，即在非常吃紧的时候，也不会精神勃勃地干。所以，纵使没有技巧方面的缺陷，仅仅这些习惯，也一定会大大减少他所能完成的工作量。

第三，使用适当的机械能在什么程度上简化劳动和节省劳动，这必定是大家都知道的，无须举例。我在这里所要说的只是：简化劳动和节省劳动的那些机械的发明，看来也是起因于分工。人类把注意力集中在单一事物上，比把注意力分散在许多种事物上，更能发现达到目标的更简易更便利的方法。分工的结果，各个人的全部注意力自然会倾注在一种简单事物上。所以只要工作性质上还有改良的余地，各个劳动部门所雇的劳动者中，不久自会有人发现一些比较容易而便利的方法，来完成他们各自的工作。唯其如此，用在今日分工最细密的各种制造业上的机械，有很大部分，原是普通工人的发明。他们从事于最单纯的操作，当然会发明比较简易的操作方法。不论是谁，只要他常去观察制造厂，他一定会看到极像样的机械，这些机械是普通工人为使他们担当的那部分工作容易迅速地完成而发明出来的。最初的蒸汽机，原需雇用一个儿童，按活塞的升降，不断开闭汽锅与汽筒间的通路。有一次担任这工作的某儿童，因为爱和朋友游玩，他用一条绳把开闭通路的舌门的把手，系在机械的另一部分，舌门就可不需人力自行开闭。原为贪玩想出来的方法，就这样成为蒸汽机大改良之一。

第十四章

康德的哲学体系

背景链接

伊曼努尔·康德，德国哲学家，德国古典哲学创始人。他被认为是对现代欧洲最具影响力的思想家之一，也是启蒙运动最后一位主要哲学家。

1724 年 4 月，康德出生于东普鲁士首府哥尼斯堡的一个马鞍匠家庭；1740 年进入哥尼斯堡大学攻读哲学，1745 年毕业；从 1746 年起康德去一个乡间贵族家庭担任家庭教师 9 年；1755 年康德重返哥尼斯堡大学，完成大学学业，取得编外讲师资格，任讲师 15 年，任教自然地理学、数学、力学、工程学、伦理学、自然科学、物理学、雄辩学等学科；1770 年康德被任命为逻辑和形而上学教授；1786 年升任哥尼斯堡大学校长；1797 年辞去大学教职；1804 年 2 月 12 日病逝，终身未婚。康德在哥尼斯堡大学任教期间先后当选为柏林科学院、彼得堡科学院、科恩科学院和意大利托斯卡那科学院院士，终生没有离开过哥尼斯堡。

康德的一生可以 1770 年为标志分为前期和后期两个阶段，前期主要研究自然科学，后期则主要研究哲学。前期的主要成果有 1755 年发表的《自然通史和天体论》，其中提出了太阳系起源的星云假说。在后期从 1781 年开始的 9 年里，康德出版了一系列涉及领域广阔、有独创性的伟大著作，给当时的哲学思想带来了一场革命，它们包括《纯粹理性批判》《实践理性批判》和《判断力批判》。"三大批判"的出版标志着康德哲学体系的完成。

思想综述

康德首先提出太阳系起源星云说。他指出：太阳系是由一团星云演变来的。这团星云由大小不等的固体微粒组成，"天体在吸引力最强的地方开始形成"，引力使微粒相互接近，大微粒吸引小微粒形成较大的团块，团块越来越大，引力最强的中心部分吸引的微粒最多，首先形成太阳。外面微粒的运动在太阳吸引下向中心体下落是于其他微粒碰撞而改变方向，成为绕太阳的圆周运动，这些绕太阳运转的微粒逐渐形成几个引力中心，最后凝聚成绕太阳运转的行星。卫星的形成过程与行星相似。但是，由于当时形而上学自然观的排斥，此理论并没有引起人们的注意，长期被埋没。直到 1796 年，法国著名数学和天文学家拉普拉斯在他的《宇宙体系论》一书中，独立地提出了另一种太阳系起源的星云假说，人们才想起 41 年前康德已提出此理论，因而后人把此学说称为康德 – 拉普拉斯学说。整个十九世纪，这种学说在天文学中一直占有统治的地位。

康德的哲学体系包括"纯粹理性批判""实践理性批判"和"判断力批判"。"纯粹理性批判"要回答的问题是：我们能知道什么？康德的回答是：我们只能知道自然科学让我们认识到的东西，哲学除了能帮助我们澄清使知识成为可能的必要条件，就没有什么更多的用处了，自从柏拉图以来的形而上学问题其实是无解的。对于康德来说，要想回答我们能知道哪些问题，就要首先看看认识者和被认识者之间的关系如何。古典哲学中的真理被看成是语言与事物的一致相应，康德问道：这种一致如何才成为可能？事物是具体的和物化的，而语言是抽象的，这两种东西怎么会一致？实际上人的感知提供的只是物体的某些特性，如质量、体积、形状、数量、重量、运动速度等，没有这些特性，我们就无法对物体展开想象。这是物体的主要特性。物体还有其他从属特性，如颜色、声音、味道和温度感觉等，这些从属特性虽然是物体的一部分，但是人们可以进行不同的想象。例如我们可以把一辆蓝色的桌子想象成绿色的桌子。这种主要特性和从属特性的区别让人进一步问：外部世界真实状况究竟是什么？如果我对物体的某些特性可以进行不同的想象，也就是说这些特性似乎只在我的感知中存在，我怎样才能肯定世界只不过是存在于我的头脑当中？因此，语言与事物的一致（真理）似乎只有在人的头脑中才成为可能。这当然是令人绝望的极端怀疑主义。如果人们不甘于接受这一观点该怎么办？也许我们无法认知的外部世界确实存在，那我们又该怎么办？康德以前，哲学家对这一问题的回答就是把这一问题推给上帝：我们的思想与外部世界一致，因为这是上帝愿意这样安排的。但问题是：我们怎么知道上帝让我们看到的事物就是事物的本来面目？康德把这个问题彻底给颠倒了。在此之前，人们让认识向外部事物看齐，而康德说，如果我们颠倒一下，让事物向我们的认识看齐，该会如何？康德带来了哲学上的哥白尼式转变。他说，不是事物在影响人，而是人在影响事物。是我们人在构造现实世界，在认识事物的过程中，人比事物本身更重要。康德甚至认为，我们其实根本不可能认识到事物的真性，我们只能认识事物的表象。康德的著名论断就是：知性为自然立法。在"纯粹理性批判"中，康德研究了人类感知的形式，即空间和时间。存在于时间和空间里的物质被人类的理解力加工为经验，而康德把人类理解力的形式称为"（绝对）范畴"，这些人类理性的形式中包括人们对灵魂、世界和上帝的设想，康德把它们理解为某种制约原则，人们的经验世界就是通过这些原则得以构造。

"实践理性批判"包括"纯粹实践理性的原理论"和"纯粹实践理性的方法论"两大部分。"实践理性"，是指实践主体的"意志"。"意志"是人的实践行为的动因。"纯粹实践理性的原理论"是基本的部分，它又分为"纯粹实践理性的分析"与"关于纯粹实践理性的辩证论"。分析的部分论述道德意志的形式规定，即道德的基本法则，并揭示意志自由的原则。康德考察人的行为的道德根据时，从人的感性与理性的对立出发，认为人的行为在感性方面与对象的实质有关，而从理性方面来看，则只涉及行为自身的形式。他认为规定道德行为的原则，只能是形式的，不能是实质的。因为任何来自感性对象的实质规定都是经验性的，它不能成为客观普遍的规定。康德反对快乐主义或幸福论的伦理学，因为它是建立在经验基础上的，它不可能提供一个普遍有效的道德原则。道德法则是理性自身的形式规定，只能在"实践理性"或"意志"自身中去寻找。这就是说，道德行为的规定，只与主体的行为动机有关，与行为的效果无涉。康德把行为的动机与效果绝对割裂开，只从动机去考察行为的道德规定。他认为，只有从纯正的动机即职责感出发，行为才能是道德的。因此，只有形式的实践原理，才能给意志提供一条普遍的法则。这条法则就是实践理性的"绝对命令"，即"不论作什么，总应该作到使你的意志所遵循的准则永远同时能够成为一条普遍的立法原理"。这个命令表述了一切有理性的存在的意志的本质原理。从感性方面来说，人是一个有所欲求的存在，在实践道德法则时，会受到欲求方面的影响或干扰，这就必须排除或克制这种影响或干扰，从这个意义上说，道德法则是一个"命令"，执行这条命令本身就是目的。人们的行为只是从道德法则出发，而不是从任何外在的目的出发，人们的意志是自由的。道德法则是自由意志的本质规定，所以，意志自由不是"他律"，而是"自律"。以道德法则为动机行事，是一切有理性的存在的神圣"职责"。

在"辩证论"部分，康德揭示了人们在现实的尘世生活中德行与幸福的矛盾，即所谓实践理性的"二律背反"，并由此为他的道德神学寻找理性前提。他的"绝对命令"是极端形式主义的，实践"绝对命令"需要约束甚至排斥人的自然情欲，然而人的自然情欲又是人的感性本性，照顾幸福也是人的一种义务。实践理性的"绝对命令"应当而且也必须在人的现实生活中落实，而人既是感性的存在又是理性的存在，这样就导致了幸福与德行的"二律背反"。康德指出，在人们的尘世生活中，德行与幸福常常是背离的，有德行者未必有幸福，享受幸福者多是恶徒。德行与幸福既不是逻辑上的同一关系，也不是因果联系。要把德行与幸福两者在尘世的现实生活中结合起来，就要造成实践理性的"二律背反"。康德认为，解决这个"二律背反"的出路是"至善"。"至善"是德行与幸福的统一，它是"实践理性"的最后目标。在康德看来，伦理学并不是教人怎样谋求幸福的学说，而是教人怎样才配享幸福的学说。只是在"至善"概念中，德行构成共享幸福的条件。然而，"至善"在人们的尘世的现实生活中是永远达不到的，对于人这个有理性的但又是有限的存在来说，唯一可能的就是从不完善的境地不断地走向完善的境地。因此，只有假设"灵魂不死"与"上帝存在"，"至善"才是可能的。

康德在"纯粹实践理性的方法论"中论述个体主体的道德修养问题，是要寻找使实践理性的法则进入人心的方式，在人的主观上成为实践的力量。他认为人的道德意识深深植根于人的天性之中，理解和掌握它并不需要什么高深的知识与特殊的智慧。要使实践理性的法则进入人心，使之在人的主观方面成为实践的力量，必须从培植道德意识入手。但是，这不能依靠利与害的劝诱，也不能诉之于感情的浪漫冲动，而要凭借对于"职责"

概念的理解。康德认为，只要清除掉行为中各种不纯的动机，最为充分地揭示出动机的纯粹性，就会对人的心灵产生最大的影响，从而唤起对"职责"的敬重之心，这将给人以鼓舞的力量。在他看来，任何平凡或艰难的事情，只要唤起主体的内在自由意识，使之摆脱由感性的好恶加于心灵的重负，就能给人以道德实践的力量。康德区分了行为的合法性与产生意向的道德性，认为致力于培植意向的道德性，用实例把道德意向活生生地呈现出来，注意意志的纯粹性，就能培养出一个独立而崇高的人格。"在这个人格中，道德法则就给我呈现出一个独立于动物性，甚至独立于全部感性世界以外的一种生命来"，这是产生实践力量的源泉。康德的"方法论"中所倡导的是一种主观唯心主义的道德修养论。

《判断力批判》基本上可以分三大部分。在"导论"里，康德对他的"批判哲学"作了一个全面性的总结，从而指明了《判断力批判》在他的"批判哲学"体系中的地位。他认为自然的感性领域与自由的超感性领域之间，存在一条深不可测的鸿沟，分割出两个世界，自然界是必然性的领域，道德是自由的领域，前者是感性的世界，后者是超感性的世界。必然与自由处在对立之中。感性世界不可能影响超感性的世界，然而在某种意义上，超感性的世界必定影响感性世界，道德法则应当实现在感性世界之中。康德认为，"判断力"就是感性世界与超感性世界这两个领域之间的中介，它给我们提供的"目的"概念，使得从自然的必然性过渡到自由成为可能。

在"审美判断力的批判"中，康德分析了审美判断的特征。所谓审美，就是人们所说的欣赏、品鉴、趣味。他运用认识论中的四类范畴来考察审美判断，指明它的特点，因为审美判断是与理性相关的想象力的自由活动。一、从"质"来看，那规定审美判断的快感是没有任何利害关系的。审美愉快与其他的愉快有重大的区别。审美愉快是不计功利的，它既不是生理上感官享受的满足，也不是实用需要的满足。审美愉快只涉及对象的形式，而与对象的实质无关。二、从"量"来看，美不依赖概念，而是作为一个普遍的愉快的对象被表现出来的。美的对象是有普遍性的，但这种普遍性不能来自概念，而是来自人们主观上的"普遍赞同"。三、从"关系"来看，美是对象的合目的性的形式，当它被感知时并不想到任何目的。这里所谓"关系"，是指对象和它的目的之间的关系。康德认为，美的对象虽没有明确的目的，却有"合目的性"。四，从"样式"来看，美是不依赖概念而被认作是产生愉快的必然的对象，这是说审美对象产生的愉快是必然的，但是这种必然性不是来自概念，而是来自人与人之间的"共通感"。

康德在《判断力批判》中分析了美（即优美）之后，接着分析壮美（即崇高）。康德说，"壮美感动着人，优美摄引着人"。审美活动是"心意诸能力"的全体活动，在"美"里是想象力与知性，在"壮美"里是想象力与理性。美与崇高相同之处是二者都使人愉快，二者都以"反思的判断力"为基础。美与崇高的区别在于，美是与有限的对象相关联，美的东西是有确定的界限的，而崇高则是由那种没有确定界限的和无形式的东西产生的。崇高感包含着一种努力的活动，它追求一种完全的整体，因为"理性的理念"是绝对统一的观念。

在"目的论判断力的批判"中，康德讨论了动植物有机体的合目的性问题，并进而论述了整个自然界的目的论。在他看来，审美判断只是一种主观的合目的性，自然界的存在本身具有客观的目的。康德区分了"外在的目的"与"内在的目的"。他主张"内在的目的"，认为动植物有机体组织具有内在的自然的目的。具有这种目的的事物，表现出以下特点：各个部分只有与整体相关联才能存在；各个部分只有依赖相互作用才能维持并产生自身；能够把外在的物质转化为建造和维持整体存在所需要的东西；能够把另一个东西作为自身的内在的自然目的产生出来。康德认为，这种有机体的自然的目的的概念，给自然科学提供了目的论的基础，是对单纯的机械力学规律的补充和提高。但这是一种先验的目的论，因为它只是一种规范性原理而不是构造性原理，只是引导人们尽可能深远地去探索自然的秘密。他认为，从这种先验的目的论立场出发，就可以克服机械论与目的论的"二律背反"。康德的目的论是要论证整个自然界的终极目的，也就是"人"。他认为，没有人类，这整个创造就是浪费、徒劳、没有最后的目的。但他所说的"人"，是一种道德的实体，他是要论述自然与人的统一，这是《判断力批判》一书的主旨。自然界的目的是人的生成，而人是在审美活动中达到与自然的和谐统一的。

在知识论方面，康德在一定程度上结合了理性主义与经验主义的观点。在康德所处的时代，欧洲哲学思想主要有两种重要理论：经验主义者认为人类对世界的认识与知识来源于人的经验，理性主义者则认为人类的知识来自于人自身的理性。而康德认为知识是人类同时透过感官与理性得到的。经验对知识的产生是必要的，但不是唯一的要素。把经验转换为知识，就需要理性，而理性则是天赋的。人类通过范畴的框架来获得外界的经验，没有范畴就无法感知世界。因此范畴与经验一样，是获得知识的必要条件。但人类的范畴中也有一些可以改变人类对世界的观念的因素，他意识到，事物本身与人所看到的事物是不同的，人永远无法确知事物的真正面貌，而时间和空间在康德看来是两个先天特殊的概念。在《纯粹理性批判》一书中康德指出，没有人可以想象一个存在于没有时间与空间的世界中的物体，因此他强调没有时间与空间，经验就是不可能的，这两者先于一切经验。此外康德也认为经验必须来自于心灵以外。也就是说，一个人可以感知、理解他周围的世界，但永远无法感知、理解自己本身，因为知识的产生需要时间、空间与范畴三个要件。在宗教问题上，康德承认无论是经验还是理性都无法证明上帝的存在。但是他认为，为了维护道德的缘故，我们必须假设上帝与灵魂的存在。他把这些信仰称为"实践的设准"，即一个无法证明的假设，但为了实践的缘故该假设必须成立。

经典篇章

一、《纯粹理性批判》节选

……

知识不问其以何种式样何种方法与对象相关，其所由以直接与对象相关，及一切思维所由以得其质料者，为直观。但直观仅限在对象授予吾人之限度内发生。对象授予吾人，又仅在心有所激动之限度内始可能，此点至少就人而言（译者按：意盖谓人之直观而外，尚有其他思维的存在者之直观，此点康德既不肯定亦不否定，以为吾人对之毫无概念所不能判断者）。"由吾人为对象所激动之形相以接受表象"之能力（感受性），名为感性。对象由感性授予吾人，仅有此感性使吾人产生直观；直观由悟性而被思维，且自悟性发生概念。但一切思维，不问其直接间接，由其性格最后必与直观相关，故在吾人人类，最后必与感性相关，盖因舍此以外别无其他方法能使对象授予吾人也。在吾人被对象激动之限度内，对象所及于"表象能力"之结果，为感觉。由感觉与对象相关之直观，名为经验的直观。经验的直观之对象（未规定其内容者）泛称为现象。

在现象中与感觉相应者，我名之为现象之质料；其所以规定现象中之杂多使之能在某种关系中整理者，我名之为现象之方式。感觉所唯一能由以设定，唯一能由以在某种关系中整理者，其自身决不能亦为感觉；故一切现象之质料仅后天的授予吾人，而现象之方式则必先天的存于心中以备整理感觉，故必容许离一切感觉而考虑之也。

凡一切表象其中绝无属于感觉之成分者，我名之为纯粹的（此就先验的意义而言）。

普泛所谓感性直观之纯粹方式（直观中之一切杂多皆以某种关系在此方式中被直观者）必须先天的存于心中。此种感性直观之纯粹方式，亦可名之为纯粹直观。今如在物体表象中，取去悟性关于物体所思维者，如实体、力、可分性，等等，又取去其属于感觉者，如不可入性、坚、色，等等，顾自此经验的直观尚有留存之事物，即延扩与形体。此延扩与形体二者属于纯粹直观，纯粹直观者即无感官或感觉之现实对象而先天的存于心中为感性之纯然方式者也。

一切先天的感性原理之学，我名之为先验感性论。必须有此种学问成为先验原理论之第一部分，以与论究纯粹思维之原理名为先验逻辑者相对待。是以在先验感性论中，吾人第一，须从感性中取去悟性由其概念所思维之一切事物，使感性单独孤立，于是除经验直观以外无一物留存。第二，吾人又须从经验直观中取去属于感觉之一切事物，于是除感性所能先天的唯一提供之纯粹直观及现象之纯然方式以外，无一物存留。在此种研究途程中，将发现有两种感性直观之纯粹方式，用为先天的知识原理，即空间与时间。吾人今将进而考虑空间与时间。

……

二、《实践理性批判》节选

一般哲学的领地

先天概念所具有的应用的范围，也就是我们的认识能力根据原则来运用以及哲学借这种运用所达到的范围。

但那些概念为了尽可能实现某种对于对象的知识而与之发生关系的那一切对象的总和，可以按照我们的能力对这一意图的胜任或不胜任的差别而作出划分。

概念只要与对象发生关系，不论对于这些对象的知识是否可能，它们都拥有自己的领地，这个领地仅仅是依照它们的客体所具有的对我们一般认识能力的关系来规定的。该领地中对我们来说可以认识的那个部分，就是对于概念和为此所需要的认识能力的一个基地。在这个基地上有这些概念在行使立法的那个部分，就是这些概念和它们所该有的那些认识能力的领地。所以经验概念虽然在自然中，亦即一切感官对象的总和中拥有自己的基地，但却并不拥有领地（而只有自己的暂居地；因为它们虽然合法地被产生出来，但并不是立法者），而是在它们之上所建立的规则都是经验性的，因而是偶然的。

我们全部认识能力有两个领地，即自然概念的领地和自由概念的领地；因为认识能力是通过这两者而先天地立法的。现在，哲学也据此而分为理论哲学和实践哲学。但哲学的领地建立于其上且哲学的立法施行于其上的这个基地却永远只是一切可能经验的对象的总和，只要这些对象不被看作别的、只被看作单纯的现象；否则知性对于这些对象的立法就是不可思议的。

通过自然概念来立法是由知性进行的并且是理论性的。通过自由概念来立法是由理性造成的并且只是实践性的。不过只有在实践中理性才是立法性的；在理论认识（自然知识）方面它只能（作为凭借知性而精通法律地）从给予的规律中通过推理而引出结论来，而这些结论终归永远只是停留在自然界那里的。但反之，如果规则是实践的，理性却并不因而立刻就是立法的，因为这些规则也可能是技术上实践的。

因此，理性和知性对于同一个经验的基地拥有两种各不相同的立法，而不允许一方损害另一方。因为自然概念对于通过自由概念的立法没有影响，正如自由概念也不干扰自然的立法一样。这两种立法及属于它们的那些能力在同一个主体中的共存至少可以无矛盾地被思维，这种可能性是《纯粹理性批判》通过揭示反对理由中的辩证幻相而摧毁这些反对理由时所证明了的。

这两个领地虽然并不在它们的立法中，却毕竟在感官世界里它们的效果中不停地牵制着，不能构成为一体，这是因为：自然概念虽然在直观中设想它的对象，但不是作为自在之物本身，而只是作为现象，反之，自由概念在其客体中虽然设想出一个自在之物本身，但却不是在直观中设想的，因而双方没有一方能够获得有关自己的客体（甚至有关思维着的主体）作为自在之物的理论知识，那个自在之物将会是超感官的东西，我们虽然必须用关于这个超感官东西的理念来解释那一切经验对象的可能性，但却永远不能把这个理念本身提升和扩展为一种知识。

因此对于我们的全部认识能力来说，有一个无限制的、但也是不可接近的领域，这就是超感官之物的领域，在那里我们不能为自己找到任何基地，因而在上面既不能为知性概念也不能为理性概念拥有一块用于理论认识的领地……

三、《判断力批判》节选

导论
……

四　判断力作为一个先验地立法着的机能

判断力一般是把特殊包涵在普遍之下来思维的机能。如果那普遍的（法则、原理、规律）给定了，那么把特殊的归纳在它的下面的判断力就是规定着的（即使它作为超验的判断力而规定着那些先验条件使得只有一致于这些条件时才能归纳到普遍下面）。但是，假使给定的只是特殊的并要为了它而去寻找那普遍的，那么这判断力就是反省着的了。

规定着的判断力在悟性所提供的普遍的超验的规律之下只是归纳着；那规律对于它已经先验地预示了，它无需为自己去思维一个规律从而把自然界的特殊归纳到普遍之下。但是自然界有那么多的形式，亦即有那么多的关于普遍的超验的自然概念的变形，它们是不被上述的纯粹先验悟性给定的规律所规定的，因为这些规律只涉及一个自然物（作为感官的一个对象）的一般可能性，因此，对于前者也必须有规律。这些规律，作为经验的规律，按照我们悟性的见地是偶然性的，但是它们既然应该称做规律（如同自然概念所要求的一样）那就仍然必须把它看作一个多样统一的必然的原理，尽管它是我们所不知的。反省着的判断力的任务是从自然中的特殊上升到普通，所以需要一个原理，这原理不能从经验中借来，因为它正应当建立一个一切经验原理在高一级的虽然它是经验的诸原理之下的统一，并且由此建立系统中上下级之间的隶属关系的可能性。所以，这样一个超验原理，只能是反省着的判断力自己给自己作为规律的东西，它不能从别处取来（因为否则它将是规定着的判断力了）。它也不能对自然提供规律：因为对于自然规律的反省是以自然为依归的，而自然不是以那些我们据之以求自然概念——一个从自然角度看来完全是偶然性的概念条件为依归的。

现在，这个原理只能是：因为普遍的诸自然规律在我们悟性中有它们的基础，悟性把这些规律提供给自然（虽然只是按照它的作为自然的普遍概念），而那些特殊的经验规律就其未被那些普遍规律所规定的部分看来，必须看作是这样一个统一体，好似有一个悟性(纵然不是我们的这个悟性)，为了使我们的认识机能构成一个——按照特殊的自然规律——可能的经验体系而把这统一体赋予了我们。这并不意味着必须真正假定有这样一个悟性（因为这只是反省着的判断力，它使观念作为原理是为了从事反省而不是为了从事规定）；但是，这个机能通过这一举动只是给自己而不是给自然一个规律。

……

第十五章

达尔文的进化论

背景链接

查尔斯·罗伯特·达尔文,英国生物学家,进化论的奠基人。1809年2月,达尔文出生在英国的一个小镇——施鲁斯伯里。祖父和父亲都是当地的名医,家里希望他将来继承祖业,16岁便被父亲送到爱丁堡大学学医。进入大学的第二年,他加入了布里尼学会,这是一个专注于博物学的学生团体。1828年他又被送到剑桥大学,改学神学,希望他将来成为一个"尊贵的牧师"。1831年,达尔文从剑桥大学毕业。他放弃了待遇丰厚的牧师职业,依然热衷于自己的自然科学研究。这年12月,英国政府组织了"贝格尔号"军舰的环球考察,达尔文经人推荐,以"博物学家"的身份,自费搭船,开始了漫长而又艰苦的环球考察活动,1836年10月回到英国。1842年,他第一次写出《物种起源》的简要提纲。1859年11月,达尔文经过20多年研究而写成的科学巨著《物种起源》终于出版了。在这部书里,达尔文旗帜鲜明地提出了"进化论"的思想,说明物种是在不断的变化之中,是由低级到高级、由简单到复杂的演变过程。紧接着,达尔文又开始他的第二部巨著《动物和植物在家养下的变异》的写作,以不可争辩的事实和严谨的科学论断,进一步阐述他的进化论观点,提出物种的变异和遗传、生物的生存斗争和自然选择的重要论点,并很快出版这部巨著。1882年4月19日,这位伟大的科学家因病逝世,人们把他的遗体安葬在牛顿的墓旁,以表达对这位科学家的敬仰。

思想综述

进化论是用来解释生物在世代与世代之间具有变异现象的一套理论。

从古希腊时期开始，直到 19 世纪的这段时间，曾经出现一些零星的思想，认为一个物种可能是从其他物种演变而来，而不是从地球诞生以来就是今日的样貌。而当今演化学绝大部分以达尔文的进化论为主轴，已成为当代生物学的核心思想之一。

生物变化思想的发展和关于万物互相转化和演变的自然观可以追溯到人类文明的早期。例如，中国《易经》中的阴阳、八卦说，把自然界还原为天、地、雷、风、水、火、山、泽八种基本现象，并试图用"阴阳"、"八卦"来解释物质世界复杂变化的规律。古希腊阿那克西曼德（约公元前 6 世纪）认为生命最初由海中软泥产生，原始的水生生物经过蜕变（类似昆虫幼虫的蜕皮）而变为陆地生物。中世纪的西方，基督教圣经把世界万物描写成上帝的特殊创造物。这就是所谓的特创论。与特创论相伴随的目的论则认为自然界的安排是有目的性的，"猫被创造出来是为了吃老鼠，老鼠被创造出来是为了给猫吃，而整个自然界创造出来是为了证明造物主的智慧"。18 世纪末～ 19 世纪后期，大多数动植物学家都没有认真地研究生物进化，而且偏离了古希腊唯物主义传统，坠入唯心主义。"活力论"虽然承认物种可以转变，但把进化原因归于非物质的内在力量，认为是生物的"内部的力量"即活力驱动着生物的进化，使之越来越复杂完善。但活力论缺乏实际的证据，是一种唯心的臆测。最有名的活力论者就是法国生物学家拉马克。19 世纪后期出现的终极目的论或直生论，认为生物进化有一个既定的路线和方向而不论外界环境如何变化。

在总结育种实践的经验和他自己的科学实验中，达尔文逐步形成了人工选择的学说。达尔文在研究家畜和作物品种起源时，首先发现每一种家畜和作物都有许多品种，他认为不论品种有多少，它们之间的差异可以很大，但这些品种都来自一个或少数几个野生种。如家鸽的品种很多（达尔文当时搜集的鸽子有 150 个品种），但它们都起源于一种，即野生的岩鸽；家鸡的品种很多，但都来源于共同的祖先，即野生的原鸡。不同的品种又是如何形成的呢？达尔文认为：家养生物的各种品种，是人类通过有意识的选择而创造出来的。所谓选择，就是人类根据他们的要求和爱好把符合要求的个体变异保存下来，并让它们传宗接代，把不符合要求的个体淘汰，通过遗传与变异的累积，逐渐形成各种品种。这样看来，新品种的形成包括3个因素：即变异、遗传与选择。变异在这里起着提供材料的作用，没有变异就没有选择的原材料；选择保留了对人有利的变异，淘汰对人不利的变异，没有选择，就没有变异的定向发展；遗传起着保持巩固变异的作用，没有遗传，就没有变异的积累。人工选择学说的建立对达尔文进一步探讨物种起源问题有很大的帮助，使他联想到，在自然界是否也有类似的选择过程呢？进一步的研究使达尔文确信：各物种的起源也是由于在自然界存在着同人工选择相似的选择过程。从而建立了自然选择的学说。达尔文在《物种起源》一书中系统地阐述了他的进化学说，其主要内容有四点：过度繁殖，生存斗争（也叫生存竞争），遗传和变异，适者生存。达尔文发现，地球上的各种生物普遍具有很强的繁殖能力，都有依照几何比率增长的倾向。达尔文指出，象是一种繁殖很慢的动物，但是如果每一头雌象一生产仔6头，每头活到100岁，而且都能进行繁殖的话，那么到750年以后，一对象的后代就可达到1900万头。因此，按照理论上的计算，即使繁殖不是很快的动、植物，也会在不太长的时期内产生大量的后代而占满整个地球。但事实上，几万年来，象的数量也从没有增加到那样多，自然界里很多生物的繁殖能力远远超过了象的繁殖能力，但各种生物的数量在一定的时期内都保持相对的稳定状态，这是为什么呢？达尔文因此想到了生存斗争。虽然生物的繁殖能力强大，但事实上，每种生物的后代能够生存下来的却很少。这是什么原因呢？达尔文认为，这主要是繁殖过度引起的生存斗争的缘故。任何一种生物在生活过程中都必须为生存而斗争。生存斗争包括生物与无机环境之间的斗争，生物种内的斗争，如为食物、配偶和栖息地等的斗争，以及生物种间的斗争。由于生存斗争，导致生物大量死亡，结果只有少量个体生存下来。但在生存斗争中，什么样的个体能够获胜并生存下去呢？达尔文用遗传和变异来进行解释。达尔文认为一切生物都具有产生变异的特性。引起变异的根本原因是环境条件的改变。在生物产生的各种变异中，有的可以遗传，有的不能够遗传。哪些变异可以遗传呢？达尔文用"适者生存"来进行解释。达尔文认为，在生存斗争中，具有有利变异的个体，容易在生存斗争中获胜而生存下去。反之，具有不利变异的个体，则容易在生存斗争中失败而死亡。这就是说，凡是生存下来的生物都是适应环境的，而被淘汰的生物都是对环境不适应的，这就是适者生存。达尔文把在生存斗争中，适者生存、不适者被淘汰的过程叫做自然选择。达尔文认为，自然选择过程是一个长期的、缓慢的、连续的过程。由于生存斗争不断地进行，因而自然选择也是不断地进行，通过一代代的生存环境的选择作用，物种变异被定向地向着一个方向积累，于是性状逐渐和原来的祖先不同了，这样，新的物种就形成了。由于生物所在的环境是多种多样的，因此，生物适应环境的方式也是多种多样的，所以，经过自然选择也就形成了生物界的多样性。

达尔文的进化理论，从生物与环境相互作用的观点出发，认为生物的变异、遗传和自然选择作用能导致生物的适应性改变。它由于有充分的科学事实作根据，所以能经受住时间的考验，百余年来在学术界产生了深远的影响。但达尔文的进化理论还存在着若干明显的弱点：自然选择原理是建立在当时流行的"融合遗传"假说之上的。按照融合遗传的概念，父、母亲体的遗传物质可以像血液那样发生融合；这样任何新产生的变异经过若干世代的融合就会消失，变异又怎能积累、自然选择又怎能发挥作用呢？达尔文过分强调了生物进化的渐变性；他深信"自然界无跳跃"，用"中间类型绝灭"和"化石记录不全"来解释古生物资料所显示的跳跃性进化。1865年奥地利植物学家孟德尔从豌豆的杂交实验中得出了颗粒遗传的正确结论。他证明遗传物质不融合，在繁殖传代的过程中，可以发生分离和重新组合。20世纪初遗传学建立，摩尔根等人进而建立了染色体遗传学说，全面揭示了遗传的基本规律。

达尔文主义第一次把生物学放在完全科学的基础上，它的产生不仅是生物学的伟大革命，也是人类思想史上的伟大革命，具有巨大的哲学意义。它用自然选择的进化学说合理地说明生物的多样性和适应性，从而有力地打击了唯心主义的特创论和目的论利用生物的多样性和适应性长期宣扬的上帝有目的地创造生物的观点，这是唯物主义世界观的伟大胜利。唯心主义者则试图利用达尔文主义宣扬他们的哲学思想和社会政治观点，产生了社会达尔文主义、庸俗进化论等流派。围绕达尔文主义所展开的哲学斗争，一直延续至今。

经典篇章

《物种起源》节选：

生存斗争和自然选择的关系——当作广义用的生存斗争这一名词——按几何比率的增加——归化的动物和植物的迅速增加——抑制个体增加的性质——斗争的普遍性——气候的影响——个体数目的保护——一切动物和植物在自然界里的复杂关系——同种的个体间和变种间生存斗争最剧烈；同属的物种间的斗争也往往剧烈——生物和生物的关系是一切关系中最重要的。

按几何比率的增加

……

各种生物都自然地以如此高速率增加着，以致它们如果不被毁灭，则一对生物的后代很快就会充满这个地球，这是一条没有例外的规律。即使生殖慢的人类，也能在二十五年间增加一倍，照这速率计算，不到一千年，人类的后代简直就没有立脚余地了。林纳曾计算过，如果一株一年生的植物只生二粒种子，它们的幼株翌年也只生二粒种子，这样下去，20 年后就会有 100 万株这种植物了；然而实际上并没有生殖力这样低的植物。象在一切既知的动物中被看作是生殖最慢的动物，我曾尽力去计算它在自然增加方面最小的可能速率；可以最稳定地假定，它在 30 岁开始生育，一直生育到 90 岁，在这一时期中共生 6 只小象，并且它能活到 100 岁；如果的确是这样的话，在 740 ～ 750 年以后，就应该有近 1900 万只象生存着；并且它们都是从第一对象传下来的。

但是，关于这个问题，除了仅仅是理论上的计算外，我们还有更好的证明，无数的事例表明，自然状况下的许多动物如遇环境对它们连续两三季都适宜的话，便会有惊人的速度增加。还有更引人注意的证据是从许多种类的家养动物在世界若干地方已返归野生状态这一事实得来的；生育慢的牛和马在南美洲以及近年来在澳洲的增加率的记载，如果不是确有实据，将令人难以置信。植物也是这样；以外地移入的植物为例，在不满十年的期间，它们便布满了全岛，而成为普通的植物了。有数种植物如拉普拉塔的刺叶蓟和高蓟原来是从欧洲引进的，现在在那里的广大平原上已是最普通的植物了，它们密布于数平方英里的地面上，几乎排除了一切他种植物。还有，我听福尔克纳博士说，在美洲发现后从那里移入到印度的一些植物，已从科摩林角分布到喜马拉雅了。在这些例子中，并且在还可以举出的无数其他例子中，没有人会假定动物或植物的能育性以任何能够觉察的程度突然地和暂时地增加了。明显的解释是，因为生活条件在那里是高度适宜的，结果，老的和幼的都很少毁灭，并且几乎一切幼者都能长大而生育。它们按几何比率的增加——其结果永远是可惊的——简单地说明了它们在新乡土上为什么会异常迅速地增加和广泛地分布。

……

抑制增加的性质

各个物种增加的自然倾向都要受到抑制，其原因极其难以解释。看一看最强健的物种，它们的个体数目极多，密集成群，它们进一步增多的倾向也随之强大。关于抑制增多的原因究竟是什么，我们连一个事例也无法确切知道。这本来是不足为怪的事，无论谁只要想一想，便可知道我们对于这一问题是何等无知，甚至我们对于人类远比对于任何其他动物所知道的都多，也是如此。关于抑制增加这一问题，已有若干著者很好地讨论过了，我期望在将来的一部著作里讨论得详细些，特别是对于南美洲的野生动物要进行更详细的讨论，这里我只略微谈一谈，以便引起读者注意几个要点罢了。卵或很幼小动物一般似乎受害最多，但绝非一概如此。植物的种子被毁灭的极多，但依据我所做的某些观察，得知在已布满他种植物的地上，幼苗在发芽时受害最多。同时，幼苗还会大量地被各种敌害所毁灭，例如，有一块三英尺长二英尺宽的土地，耕后进行除草，那里不会再受其他植物的抑制，当我们的土著杂草生出之后，我在所有它们的幼苗上作了记号，得知 357 株中，不下 295 株被毁灭了，主要是被蛞蝓和昆虫毁灭的。在长期刈割过的草地，如果让草任意自然生长，那么较强壮的植物逐渐会把较不强健的消灭掉，即使后者已经充分成长，也会如此；被四脚兽细细吃过的草地，其情形也是这样：在刈割过的一小块草地上（三英尺乘四英尺）生长着二十个物种，其中九个物种由于其他物种的自由生长，都死亡了。

……

另一方面，在许多情形下，同种的个体和它们的敌害相比，绝对需要极大的数量，才得以保存。这样，我们就能容易地在田间收获大量的谷物和油菜籽等等，因为它们的种子和吃它们的鸟类数量相比，占有绝大的多数，鸟在这一季里虽然有异常丰富的食物，但它们不能按照种子供给的比例而增加数量，因为它们的数量在冬季要受到抑制。凡是作过试验的人都知道，要想从花园里的少数小麦或其他这类植物获得种子是何等麻烦；我曾在这种情形下失去每一粒种子。同种的大群个体对于它们的保存是必要的，这一观点，我相信可以解释自然界中某些奇特的事实：例如极稀少的植物有时会在它们所生存的少数地方生长得极其繁盛；某些丛生性的植物，甚至在分布范围的边际，还能丛生，这就是说，它们的个体是繁盛的。在这种情形下，我们可以相信，只有在多数个体能够共同生存的有利生活条件下，一种植物才能生存下来，这样才能使这个物种免于全部覆灭。我还要补充说，杂交的优良效果，近亲交配的不良效果，无疑地会在此等事例中表现出它的作用；不过我在这里不预备详述这一问题。

在生存斗争中一切动物和植物相互之间的复杂关系

……

每一个物种在不同的生命时期、不同的季节和年份，大概有多种不同的抑制对其发生作用；其中某一种或者某少数几种抑制作用一般最有力量；但在决定物种的平均数或甚至它的生存上，则需要全部抑制作用共同发挥作用。在某些情形里可以阐明，同一物种在不同地区内所受到的抑制作用极不相同。当我们看到密布在岸边的植物和灌木时，我们很容易把它们的比例数和种类归因于我们所谓的偶然的机会。但这是何等错误的一个观点！谁都听到过，当美洲的一片森林被斫伐以后，那里便有很不同的植物群落生长起来；但人们已经看到，在美国南部的印第安的废墟上，以前一定把树木清除掉了，可是现在那里同周围的处女林相似，呈现了同样美丽的多样性和同样比例的各类植物来。在悠长的若干世纪中，在每年各自散播成千种子的若干树类之间，必定进行了何等激烈的斗争；昆虫和昆虫之间进行了何等激烈的斗争——昆虫、蜗牛、其他动物和鸟、兽之间又进行了何等剧烈的斗争——它们都努力增殖，彼此相食，或者吃树、或者吃树的种子和幼苗，或者吃最初密布于地面而抑制这些树木生长的其他植物！

将一把羽毛向上掷去，它们都依照一定的法则落到地面上；但是每枝羽毛应落到什么地方的问题，比起无数植物和动物之间的关系，就显得非常简单了，它们的作用和反作用在若干世纪的过程中决定了现今生长在古印第安废墟上各类树木的比例数和树木的种类。

生物彼此的依存关系，有如寄生物之于寄主，一般是在系统颇远的生物之间发生的。有时候系统远的生物，严格地说，彼此之间也有生存斗争，例如飞蝗类和食草兽之间的情形便是这样。不过同种的个体之间所进行的斗争几乎必然是最剧烈的，因为它们居住在同一区域内，需要同样的食物，并且还遭遇同样的危险。同种的变种之间的斗争一般差不多是同等剧烈的，并且我们时常看到争夺很快就会得到解决：例如把几个小麦变种播在一起，然后把它们的种子再混合起来播在一起，于是那些最适于该地土壤和气候的、或者天然就是繁殖力最强的变种，便会打败别的变种，产生更多的种子，结果少数几年之后，就会把别的变种排斥掉。甚至那些极度相近的变种，如颜色不同的香豌豆，当混合种植时，必须每年分别采收种子，播种时再照适当的比例混合，否则，较弱种类的数量便会不断地减少而终至消灭。……

同种的个体间和变种间生存斗争最剧烈

因为同属的物种通常在习性和体质方面，并且永远在构造方面，是很相似的（虽然不是绝对如此），所以它们之间的斗争，一般要比异属的物种之间的斗争更为剧烈。我们可以从以下事实了解这一点，近来有一个燕子种在美国的一些地方扩展了，因而致使另一个物种的数量减少；近来苏格兰一些地方吃槲寄生种子的槲鸫增多了，故而致使善鸣鸫的数量减少了。我们不是常常听说，在极端不同的气候下一个鼠种代替了另一鼠种！在俄罗斯，小形的亚洲蟑螂入境之后，到处驱逐大型的亚洲蟑螂。在澳洲，蜜蜂输入后，很快就把小形的、无刺的本地蜂消灭了。一个野芥菜种取代了另一个物种。种种相似事例所在皆是。我们大致能够理解，在自然组成中几乎占有相同地位的近似类型之间的斗争，为什么最为剧烈；但我们却一点也不能确切说明，在伟大的生存斗争中一个物种为什么战胜了另一个物种。

从上述可以得出高度重要的推论，即每一种生物的构造，以最基本的然而常常是隐蔽的状态，和一切其他生物的构造相关联，这种生物和其他生物争夺食物或住所，或者它势必避开它们，或者把它们吃掉。虎牙或虎爪的构造明显地阐明了这一点；盘附在虎毛上的寄生虫的腿和爪的构造也明显地阐明了这一点。但是蒲公英的美丽的羽毛种子和水栖甲虫的扁平的生有排毛的腿，最初一看似乎仅仅和空气和水有关系。然而羽毛种子的优点，无疑和密布着他种植物的地面有最密切的关系；这样，它的种子才能广泛地散布开去，并且落在空地上。水栖甲虫的腿的构造，非常适于潜水，使它可以和其他水栖昆虫相竞争，以捕食食物，并逃避其他动物的捕食。许多植物种子里贮藏的养料，最初一看似乎和其他植物没有任何关系。但是这样的种子——例如豌豆和蚕豆的种子——被播在高大的草类中间时，所产生出来的幼小植株就能健壮生长，由此可以推知，种子中养料的主要用途是为了有利于幼苗的生长，以便和四周繁茂生长的其他植物相斗争。

　　……

　　这应使我们相信，我们对于一切生物之间的相互关系实在无知；此种信念是必要的，同样是难以获得的。我们所能做到的，只是牢牢记住，每一种生物都按照几何比率努力增加；每一种生物都必须在它的生命的某一时期，一年中的某一季节，每一世代或间隔的时期，进行生存斗争，而大量毁灭。当我们想到此种斗争的时候，我们可以用如下的坚强信念引以自慰，即自然界的战争不是无间断的，恐惧是感觉不到的，死亡一般是迅速的，而强壮的、健康的和幸运的则可生存并繁殖下去。

第十六章

卡尔·马克思的《资本论》

背景链接

卡尔·马克思，全世界无产阶级的伟大导师、科学共产主义的创始人。伟大的政治家、哲学家、经济学家、革命理论家。主要著作有《资本论》《共产党宣言》等。

1818 年 5 月，马克思生于普鲁士莱茵省特里尔一个律师家庭。他的父亲是希尔舍·卡尔·马克思，后改名亨利希·马克思，母亲是荷兰裔犹太女子罕丽·普列斯堡。1830 年 10 月，马克思进入特里尔中学。18 岁后转学到柏林大学学习法律。1841 年，马克思申请获得耶拿大学哲学博士，毕业后担任《莱茵报》主编；1843 年《莱茵报》发行许可被普鲁士国王撤销，马克思因此失业。在此期间，马克思认识了弗里德里希·恩格斯。1843 年 6 月，马克思与燕妮·冯·威斯特法伦喜结连理，1843 年秋一同去巴黎。在此期间，他着手研究政治经济学、法国社会运动及法国历史，并最终促使其成为一名社会主义者。1844 年 9 月，恩格斯到访巴黎，两人并肩开始了对社会主义的研究，并结成了深厚的友谊。1845 年，马克思参与编写《前进周刊》，在其中对德国的专制主义进行了尖锐的批评，同年秋，马克思被法国政府驱逐出境，被迫来到比利时布鲁塞尔。1848 年 3 月，马克思遭到比利时当局的驱逐。1848 年 4 月，马克思和恩格斯一起回到普鲁士科隆，创办了《新莱茵报》，随后几乎所有的编辑或遭司法逮捕，或遭驱逐出境。1849 年 5 月 16 日，马克思接到普鲁士当局的驱逐令。6 月初，马克思又来到巴黎。8 月，马克思被法国政府驱逐，前往英国伦敦。在伦敦，马克思度过了一生中最困难的日子。在 5 年时间里，马克思因为经济和债务问题，精神焦虑，受疾病所苦情绪不佳，四个孩子中的三个死亡。但在这期间，马克思写出了他的最重要著作——《资本论》。1867 年 9 月，《资本论》第一卷出版。后两卷为恩格斯整理马克思遗稿出版。1881 年 12 月，燕妮·马克思去世。1883 年 3 月 14 日，马克思在伦敦寓所辞世，后与燕妮合葬于伦敦北郊的海格特公墓内。

思想综述

《资本论》是马克思思想体系直接说明，它是以唯物史观的基本思想为指导，通过深刻分析资本主义生产方式，揭示了资本主义社会发展的规律，同时也使唯物史观得到了科学的验证和进一步的丰富和发展。《资本论》运用唯物史观的观点和方法，将社会关系归结为生产关系，将生产关系归结于生产力的高度，从而证明了社会形态的发展是一个不以人的意志为转移的自然历史过程。

《资本论》的方法的最大特色，就是把逻辑、辩证法和认识论有机地结合起来，融为一体。正如列宁所说，"在《资本论》中，唯物主义的逻辑、辩证法和认识论（不必要三个词：它们是同一个东西）都应用于一门科学"。马克思使用从抽象上升到具体的方法、逻辑与历史一致的方法，对资本主义社会矛盾运动的辩证分析，丰富和发展了马克思主义辩证法。马克思在《资本论》第一卷中，系统全面地阐述了资本主义基本矛盾的产生、发展和克服的过程，从而透彻详尽地阐明了唯物辩证法关于对立面的统一和斗争的学说，阐明了唯物辩证法的实质。在《资本论》中是对唯物辩证法的丰富和发展，正如恩格斯指出的，《资本论》的方法不亚于历史唯物主义基本观点的发现。

《资本论》的研究对象是什么？马克思指出："我要在本书研究的，是资本主义生产方式以及和它相适应的生产关系和交换关系。"对于马克思这句话中的"资本主义生产方式"的含义，在我国经济学界存在着不同的理解，有的把它理解为生产关系，有的把它理解为生产力和生产关系的统一，有的把它理解为劳动方式，也有的把它理解为用什么工具进行生产，等等。究其原因，"生产方式"一词是一个多义词，马克思在不同的场合使用它时，就有不同的含义。因此，作为《资本论》研究对象的资本主义生产方式的含义，只能以全书的中心内容和主题为根据，才能做出恰如其分的解释。《资本论》就是论资本，而资本是带来剩余价值的价值，没有剩余价值就不存在资本，而没有资本也就不能带来剩余价值，所以说资本范畴是《资本论》的中心内容，也可以说，它的中心内容是剩余价值。纵观《资本论》四卷，其中第一卷的中心是分析剩余价值的生产问题，第二卷的中心是分析剩余价值的实现问题，第三卷的中心是分析剩余价值的分配问题，第四卷是剩余价值理论的发展史。可见，《资本论》是研究资本家如何榨取工人所创造的剩余价值，以及剩余价值的实现和分配问题。所以，在《序言》中提到的"资本主义方式"，是指以资本主义所有制为基础的生产资料与劳动力相结合的方式，这属于广义的生产关系，它包括生产、交换、分配和消费等各方面的关系。而"和它相适应的生产关系"，则是指直接生产过程中人与人之间的关系，即狭义的生产关系，它从属于广义的生产关系。资产阶级古典经济学家把政治经济学看成是研究财富的科学，马克思第一次确定政治经济学的研究对象是生产关系，这是和资产阶级经济学根本对立的。

剩余价值理论是马克思的最伟大的两个发现之一，是马克思主义经济理论的基石和核心，是科学社会主义学说的基本理论根据，是无产阶级认识世界和改造世界的强大思想武器。马克思的剩余价值理论主要集中在《资本论》中。《资本论》以剩余价值为主线，既逻辑严密、又生动形象地论证了无产阶级和资产阶级之间对立的经济基础，阐明了资本主义产生、发展和灭亡的规律。马克思对剩余价值的研究，是从考察雇佣劳动与资本的关系开始的。马克思认为"资本，即对他人劳动产品的私有权"，"资本是对劳动及其产品的支配权"，并进而指出，在资本主义制度下，整个社会分裂为有产者和无产者两个阶级，此时"工人降低为商品，而且是最贱的商品"。马克思详细地考察了商品价值和货币，研究了由简单商品生产到资本主义商品生产的发展过程，分析了货币到资本的转化，进而分析了雇佣劳动市场的形成及其特点。在此基础上，马克思比较严格地区分了劳动力与劳动，创立了劳动力商品的原理。马克思指出：劳动者出卖的不是劳动而是劳动力。在吸收了古典政治经济学有关剩余价值的合理因素的同时，还尖锐地指出资产阶级古典政治经济学由于受资产阶级立场的局限，没有把剩余价值同它的各种具体形式区分开，斯密尤其是李嘉图在研究中的诸多缺点和错误均源于此。马克思还阐明了利润和剩余价值的含义和区别：剩余价值是物化在商品中的劳动超过有酬劳动的金额，它仅是从可变资本来考察的，而利润则是从整个预付资本考察的。他还指出等价交换同资本和雇佣劳动间的交换之所以产生"矛盾"，"是由于劳动能力本身成了商品，作为这种特殊的商品，它的使用价值本身（因而同它的交换价值毫无关系）是一种创造交换价值的能力。"马克思还揭示了剩余价值规律，他说："资本主义生产的直接目的不是生产商品，而是生产剩余价值或利润。"

《资本论》是以英国作为研究的主要对象。马克思说："到现在为止，这种生产方式的典型地点是英国。因此，我在理论阐述上主要用英国作为例证。"这是因为当时的英国是资本主义发展比较早和比较成熟的国家。但是，《资本论》所揭示出的资本主义生产关系产生、发展和灭亡的规律，并不只限于英国，对于其他资本主义国家都是适用的。根据历史唯物主义原理，生产力和生产关系二者是对立统一的关系，从来不存在没有生产力的生产关系，也不存在没有生产关系的生产力，所以研究生产关系必须联系生产力的发展状况，决不能孤立地研究生产关系。在《资本论》及其手稿中，常常可以看到马克思关于技术、自然科学等问题的深湛见解，但它是把生产力当作资本主义生产关系的决定者和推动力来研究的。在《资本论》中，马克思不仅从生产力与生产关系的相互作用中来研究资本主义的生产关系，而且还从生产关系的总和（即经济基础）与上层建筑的相互作用中来研究生产关系。列宁在谈到《资本论》时，曾把资本主义生产关系比做"骨骼"，而把适合于这种生产关系的上层建筑比做"血"和"肉"。要使骨骼有血有肉，就必须联系上层建筑来研究生产关系，但其实质，仍然是以资本主义生产关系作为研究对象。《资本论》以生产关系作为研究对象，其最终目的是要"揭示现代社会的经济运动规律。"揭示出这些规律，也就同时揭示出资本主义生产关系产生、发展和灭亡的规律。

马克思首先讨论了商品和价值的定义。商品是供交换用的劳动产品。同亚当·斯密等古典经济学家一样，马克思认为商品的价值分为使用价值和交换价值。独立于人的主观意识之外的"物"，具有客观的有用性。这种有用性构成商品的使用价值。在不同种类不同数量的商品进行交换时，商品的交换价值得以体现。马克思否认商品交换价值的主观性，认为不同商品间可以交换，是因为有某种客观的衡量标准来确定不同商品的价值。马克思批判继承了李嘉图的劳动价值论，认为劳动是衡量不同商品价值量的唯一标准。这里的劳动，指抽象意义上生产商品所付出的人的劳动。马克思认为，资本主义发展的动力源于资本再生产过程中对劳动者的剥削和异化。资本家按照市场价格支付劳动者工资，但劳动者在规定工时内所生产商品的实际价值超过了所获的工资。这部分超出工资的价值被资本家无偿占有。马克思将这部分价值称为"剩余价值"。由于资本家垄断了生产资料，劳动者无法独立地进行生产，故只能出售自身劳动力，供资本家剥削。马克思认为，资本只有不停地榨取劳动力，才能获得发展。在马克思的分析中，资本家为了追求利润的最大化，会刻意压低劳动者的工资，使工资保持在一个仅能维持劳动者（及其家庭）生存、并使人口得以增长的较低水平。新增的劳动人口为资本的再生产提供了源源不断的剥削对象。由于资本家之间的激烈竞争，竞争力较弱的中小企业逐渐失势，被强势的企业吞并或击垮。这导致小资产阶级逐渐沦为无产阶级。资产阶级在人口中的比例逐渐下降，而无产阶级的比例则相应上升。这导致社会最终被割裂为两个利益直接对立的阶级。

马克思认为，资本主义最主要的不公平在于对劳动的剥削，劳动者得到的报酬要低于他们所生产的价值，其剩余价值被拥有生产资料的雇主获得，生产资料的个人占有与生产产品的社会化矛盾必然会导致周期性地经济危机发生。他力图揭示资本积累的过程和对社会发展的影响，他认为"商品"是资本主义社会的最基本单元，商品的流通和对利润的追求会导致社会中经济与道德的冲突和分裂，主观的道德价值和客观的经济价值会分道扬镳，政治经济学应该研究价值的分配方式，使经济学的发展符合法律和道德观念。

马克思的研究，主要着眼于资本主义的结构性矛盾，而不是表现为阶级矛盾的社会矛盾。"矛盾运动的根源是劳动的二重性"，并不单纯表现为劳动与资本，或资产阶级和工人阶级的斗争。马克思借用黑格尔的术语，将这种运动描述为阶级"背后"更深层次矛盾的体现。这种矛盾是不以人的意志而转移的客观规律。同样，《资本论》并未明确提出社会主义革命的具体计划，而着重构建了关于潜在的社会革命的爆发条件的理论。正如马克思在《共产党宣言》中指出的，资产阶级一手创造出了自己的掘墓人。在资本主义社会中，科技进步推动了生产力的极大发展，创造了巨大的物质财富（体现为商品的使用价值）；但另一方面，生产率的提高同时降低了商品的交换价值，并导致了利润率的降低。这导致了"生产过剩下的短缺"。其具体表现是，资产阶级为了追求利润，不断扩大生产规模。而占社会人口大多数的无产阶级因为工资水平较低，无力购买新增的大量商品，导致商品积压，最终导致经济危机。生产资料的私有制与生产产品的社会化之间的矛盾，是资本主义的基本矛盾。它导致经济危机周期性地反复发生。该矛盾在资本主义制度下，无法得到根本的解决。

唯物史观是《资本论》的指导思想，也是由马克思所发现的。历史唯物主义用以观察社会历史的方法与以前一切历史理论不同。它承认历史的主体是人，历史不过是追求着自己目的的人的活动而已。但历史唯物主义所说的人不是处在某种幻想的与世隔绝和离群索居状态的抽象的人，而是处于可以通过经验观察到的发展过程中的现实的活生生的人。历史唯物主义认为，现实的人无非是一定社会关系的人格化，他们所有的性质和活动始终取决于自己所处的物质生活条件。只有从那些使人们成为现在这种样子的周围物质生活条件去考察人及其活动，才能站在现实历史的基础上描绘出人类发展的真实过程。历史唯物主义考察问题的方法明确规定，它的研究对象是社会发展的一般规律。和以社会生活某一局部领域、某一个别方面为对象的各门具体社会科学不同，它着眼于从总体上、全局上研究社会的一般的结构和一般的发展规律。它的任务就是为各门具体的社会科学提供历史观和方法论的理论基础。历史唯物主义者认为历史发展是有其特定规律的，即生产力决定生产关系，生产关系对生产力有反作用，生产关系一定要适应生产力的发展。伴随着生产力的发展，人类社会从原始社会、奴隶社会、封建社会、资本主义社会、社会主义社会，最终走向共产主义社会。凡是认为社会的存在和发展是由历史发展而来、社会存在和发展离不开历史、社会和历史存在着必然的继承和发展关系的观点就是历史唯物主义观点。有了历史唯物主义的观点，那么他在看待和处理问题时，就具有了以下特点：一是承认历史，尊重历史，认为社会必然是一个连续不断的发展过程，这是如何看待历史的问题。二是联系历史来观察和分析问题，这是如何运用历史的问题。三是有选择地继承并发展历史，这是如何对待历史的问题。

劳动价值论也是在《资本论》中重点阐述的理论之一。包括以下内容：一是商品具有二重性，即价值和使用价值。使用价值是商品的自然属性，具有不可比较性。价值是一般人类劳动的凝结，是商品的社会属性，它构成商品交换的基础。商品的使用价值和价值等范畴，是马克思用来说明商品的自然属性和社会属性的概念，深刻地揭示了商品的本质。马克思以商品作为分析起点的原因，认为"资本主义生产方式占统治地位的社会的财富，表现为"庞大的商品堆积"，单个的商品表现为这种财富的元素形式。因此，我们的研究就从分析商品开始。"《资本论》的逻辑固然要以资本作为中心范畴，但决不能把资本作为逻辑起点。因为资本本身就需要论证和说明。"资本，如果没有雇佣劳动、价值、货币、价格等等，它就什么也不是。"资本就会成为不可理解的具体。因此，要揭示资本这个具体丰富的许多规定的全部内容，科学的方法就是按照商品—货币—资本这样的上升路线，从资本主义财富的元素形式商品出发，才能在后面的上升过程中把构成资本总体的各个环节和内部结构复制出来。关于使用价值，马克思是先从有用物的质和量的角度来讲的。使用价值的几个特点是：第一，使用价值决定于商品本身的属性；第二，使用价值同人取得它所耗费的劳动的多少没有关系；第三，在考察使用价值时，总是以量的规定性为前提；第四，使用价值只是在使用或消费中得到实现；第五，使用价值是构成财富的物质内容。价值是马克思在对交换价值进行分析后得到的一个概念。他认为，交换价值是价值的表现形式，而价值的本质就是凝结在商品中的无差别的人类劳动。

《资本论》是马克思用毕生的心血写成的一部光辉灿烂的科学巨著，这部巨著第一次深刻地分析了资本主义的全部发展过程，以数学般的准确性证明这一发展的方向必然引导到社会主义革命和无产阶级专政的确立。《资本论》武装了无产阶级，成为无产阶级进行革命斗争的强有力的理论武器，是马克思"整个一生科学研究的成果"，它凝聚着马克思的全部心血和智慧，是他献给全世界无产阶级的一部最重要的科学文献。它在世界各国广泛流传，成为工人阶级反对资产阶级的强大思想武器。

经典篇章

《资本论》节选：

……

商品的两个因素：使用价值和价值（价值实体，价值量）

……

物的有用性使物成为使用价值。【"任何物的自然 worth［价值］都在于它能满足必要的需要，或者给人类生活带来方便。"［约翰·洛克《略论降低利息的后果（1691 年）》，载于《约翰·洛克著作集》1777 年伦敦版第 2 卷第 28 页］在 17 世纪，我们还常常看到英国著作家用"worth"表示使用价值，用"value"表示交换价值；这完全符合英语的精神，英语喜欢用日耳曼语源的词表示直接的东西，用罗马语源的词表示被反映的东西】，但这种有用性不是悬在空中的。它决定于商品体的属性，离开了商品体就不存在。因此，商品体本身，例如铁、小麦、金刚石等等，就是使用价值，或财物。商品体的这种性质，同人取得它的使用属性所耗费的劳动的多少没有关系。在考察使用价值时，总是以它们的量的规定性为前提，如一沓表、一码布、一吨铁等等。商品的使用价值为商品学这门学科提供材料。【在资产阶级社会中，流行着一种法律拟制，认为每个人作为商品的买者都具有百科全书般的商品知识】。使用价值只是在使用或消费中得到实现。不论财富的社会形式如何，使用价值总是构成财富的物质的内容。在我们所要考察的社会形式中，使用价值同时又是交换价值的物质承担者。

交换价值首先表现为一种使用价值同另一种使用价值相交换的量的关系或比例【"价值就是一物和另一物、一定量的这种产品和一定量的别种产品之间的交换关系。"（勒特罗纳《论社会利益》，载于德尔编《重农学派》1846 年巴黎版第 889 页）】，这个比例随着时间和地点的不同而不断改变。因此，交换价值好像是一种偶然的、纯粹相对的东西，也就是说，商品固有的、内在的交换价值似乎是一个形容语的矛盾【"形容语的矛盾"的原文是"contradiction in adjecto"指"圆形的方"，"木制的铁"一类的矛盾。——编者注】。【"任何东西都不可能有内在的交换价值。"（尼·巴尔本《新币轻铸论——答洛克先生关于提高货币价值的意见》1969 年伦敦

版第6页）或者像巴特勒所说："物的价值正好和它会换来的东西相等。"】
现在我们进一步考察这个问题。

　　某种一定量的商品，例如一夸特小麦，同 x 量鞋油或 y 量绸缎或 z 量
金等等交换，总之，按各种极不相同的比例同别的商品交换。因此，小麦
有许多种交换价值，而不是只有一种。既然 x 量鞋油、y 量绸缎、z 量金
等等都是一夸特小麦的交换价值，那么，x 量鞋油、y 量绸缎、z 量金等等
就必定是能够互相代替的或同样大的交换价值。由此可见，第一，同一种
商品的各种有效的交换价值表示一个等同的东西。第二，交换价值只能是
可以与它相区别的某种内容的表现方式，"表现形式"。我们再拿两种商
品例如小麦和铁来说。不管二者的交换比例怎样，总是可以用一个等式来
表示：一定量的小麦等于若干量的铁，如 1 夸特小麦 =a 英担铁。这个等
式说明什么呢？它说明在两种不同的物里面，即在 1 夸特小麦和 a 英担铁
里面，有一种等量的共同的东西。因而这二者都等于第三种东西，后者本
身既不是第一种物，也不是第二种物。这样，二者中的每一个只要是交换
价值，就必定能化为这第三种东西。

　　……在商品交换关系中，只要比例适当，一种使用价值就和其他任何
一种使用价值完全相等。或者像老巴尔本说的："只要交换价值相等，一
种商品就同另一种商品一样。交换价值相等的物是没有任何差别或区别的。"
【"只要交换价值相等，一种商品就同另一种商品一样。交换价值相等的
物是没有任何差别或区别的……价值 100 镑的铅或铁与价值 100 镑的银和
金具有相等的交换价值。"（尼·巴尔本《新币轻铸论：答洛克先生关于
提高货币价值的意见》第 53 页和第 7 页）】

　　作为使用价值，商品首先有质的差别；作为交换价值，商品只能有
量的差别，因而不包含任何一个使用价值的原子。如果把商品体的使用
价值撇开，商品体就只剩下一个属性，即劳动产品这个属性。可是劳动
产品在我们手里也已经起了变化。如果我们把劳动产品的使用价值抽去，
那么也就是把那些使劳动产品成为使用价值的物体的组成部分和形式抽
去。它们不再是桌子、房屋、纱或别的什么有用物。它们的一切可以感
觉到的属性都消失了。它们也不再是木匠劳动、瓦匠劳动、纺纱劳动，
或其他某种一定的生产劳动的产品了。随着劳动产品的有用性质的消失，

体现在劳动产品中的各种劳动的有用性质也消失了，因而这些劳动的各种具体形式也消失了。各种劳动不再有什么差别，全都化为相同的人类劳动，抽象人类劳动。

现在我们来考察劳动产品剩下来的东西。它们剩下的只是同一的幽灵般的对象性，只是无差别的人类劳动的单纯凝结，即不管以哪种形式进行的人类劳动力耗费的单纯凝结。这些物现在只是表示，在它们的生产上耗费了人类劳动力，积累了人类劳动。这些物，作为它们共有的这个社会实体的结晶，就是价值——商品价值。

我们已经看到，在商品的交换关系本身中，商品的交换价值表现为同它们的使用价值完全无关的东西。如果真正把劳动产品的使用价值抽去，就得到刚才已经规定的它们的价值。因此，在商品的交换关系或交换价值中表现出来的共同东西，也就是商品的价值。研究的进程会使我们再把交换价值当作价值的必然的表现方式或表现形式来考察，但现在，我们应该首先不管这种形式来考察价值。

可见，使用价值或财物具有价值，只是因为有抽象人类劳动对象化或物化在里面。那么，它的价值量是怎样计量的呢？是用它所包含的"形成价值的实体"即劳动的量来计量。劳动本身的量是用劳动的持续时间来计量，而劳动时间又是用一定的时间单位如小时、日等作尺度。

可能会有人这样认为，既然商品的价值由生产商品所耗费的劳动量来决定，那么一个人越懒，越不熟练，他的商品就越有价值，因为他制造商品需要花费的时间越多。但是，形成价值实体的劳动是相同的人类劳动，是同一的人类劳动力的耗费。体现在商品世界全部价值中的社会的全部劳动力，在这里是当作一个同一的人类劳动力，虽然它是由无数单个劳动力构成的。每一个这种单个劳动力，同另一个劳动力一样，都是同一的人类劳动力，只要它具有社会平均劳动力的性质，起着这种社会平均劳动力的作用，从而在商品的生产上只使用平均必要劳动时间或社会必要劳动时间。社会必要劳动时间是在现有的社会正常的生产条件下，在社会平均的劳动熟练程度和劳动强度下制造某种使用价值所需要的劳动时间。例如，在英国使用蒸汽织布机以后，把一定量的纱织成布所需要的劳动可能比过去少一半。实际上，英国的手工织布工人把纱织成布仍旧要用以前那样多的劳动时间，但这时他一小时的个人劳动的产品只代表半小时的社会劳动，因此价值也降到了它以前的一半。

可见，只是社会必要劳动量，或生产使用价值的社会必要劳动时间，决定该使用价值的价值量。【第 2 版注："当它们＜生活必需品＞互相交换的时候，它们的价值取决于生产它们所必需的和通常所用掉的劳动量。"（《对货币利息，特别是公债利息的一些看法》伦敦版第 36 ～ 37 页），上一世纪的这部值得注意的匿名著作没有注明出版日期。但从它的内容可以看出，该书是在乔治二世时代，大约 1739 年或 1740 年出版的】。在这里，单个商品是当作该种商品的平均样品。【"全部同类产品其实只是一个量，这个量的价格是整个地决定的，而不以特殊情况为转移。"（勒特罗纳《论社会利益》第 893 页）】因此，含有等量劳动或能在同样劳动时间内生产出来的商品，具有同样的价值量。一种商品的价值同其他任何一种商品的价值的比例，就是生产前者的必要劳动时间同生产后者的必要劳动时间的比例。"作为价值，一切商品都只是一定量的凝固的劳动时间"。

第十七章

弗洛伊德的精神分析说

背景链接

西格蒙德·弗洛伊德，奥地利犹太人，精神分析学派的创始人。1856年5月生于摩拉维亚的福雷博格（现为德国的一部分），他4岁时全家迁居到维也纳，他的一生几乎都是在那里度过的。1881年他在维也纳大学获得医学学位。他在巴黎与杰出的精神病专家让·夏尔科曾共事，还曾与维也纳内科专家约瑟夫·布鲁尔合作过。1902年他在维也纳组织了一个心理学研究小组，阿德勒和荣格也加入了这个行列。弗洛伊德对心理学做出了很大贡献，用简短的文字很难加以概括。尽管对弗洛伊德的学说一直存在着争论，他仍不愧为人类思想史上的一位极其伟大的人物。他的心理学观点使我们对人类思想的观念发生了彻底的革命，他提出的概念和术语已被普遍使用。晚年的他患了颌癌，1939年9月23日不幸去世。

思想综述

精神分析学，或称为心理分析学，是西格蒙德·弗洛伊德的独特创见。当时精神病学普遍受生物学的影响，对于心理现象的构成、发展及治疗，以工业革命时代流行的机械主义的方式进行，弗洛伊德于1885年到巴黎拜著名精神及人脑科学家夏尔科为师，并受到夏尔科研究歇斯底里症的影响，开始了他关于早期或童年创伤经历和情绪病的研究，弗洛伊德因而开始建立另一套潜意识理论。

潜意识的发现始自催眠术。现代催眠术的原始形态是奥地利维也纳的医师梅斯梅尔所创立。但是第一次提出人类具有潜在意识学说的人，是西格蒙德·弗洛伊德。弗氏精神分析理论的核心是潜意识理论。他将人的心理活动分为三个层次：意识、前意识、潜意识（又译无意识）。意识是我们能够认知和把握的那一部分，潜意识是人的心理的最底层，它容量巨大，但我们平常却感受不到它的存在。前意识是介乎意识与潜意识之间的那一部分。它的内容有时可以成为意识，有时也可深抑于潜意识。在心理的三个层次中，弗氏重视潜意识。他认为潜意识所包含的种种力量是我们行动的内驱力，潜意识主要包括人的本能以及种种被压抑的心理内容。它们受到前意识和意识的阻挡，不能进入意识来表现自己，但它们从不屈服，而是时时刻刻想冲破防线。潜意识的内容常常是与现实社会的道德法则不相容的，所以在正常人的正常生活里，它无法实现变为现实，它只好在暗中发生作用，例如借遗忘、错失行为、梦境来表达自己的愿望。在神经症患者那里，它就借症状来表现。故弗氏以释梦、研究日常生活的错失行为、遗忘及神经症患者的症状来探讨人的潜意识。潜意识是一种与理性相对立存在的本能，是人类固有的一种动力，他认为，人类有一种本能，也就是追求满足的、享受的、幸福的生活潜意识。这种潜意识虽然看不见摸不着，却一直在不知不觉中控制着人类的言语行动。在适当的条件下，这种潜意识可以升华成为人类文明的原始动力。如果将人类的整个意识比喻成一座冰山的话，那么浮出水面的部分就是属于显意识的范围，约占意识的5％，换句话说，95％隐藏在冰山底下的意识就是属于潜意识的力量。

弗氏晚年将无意识理论与人格理论结合起来，形成了他的人格结构理论。他将人格分为"本我""自我""超我"三种。本我是在潜意识形态下的思想，代表思绪的原始程序——人最为原始的、属满足本能冲动的欲望，如饥饿、生气、性欲等；本我为与生俱来的，亦为人格结构的基础，日后自我及超我即是以本我为基础而发展。本我的目的在于遵循享乐原则，追求个体的生物性需求如食物的饱足与性欲的满足，以及避免痛苦。自我这个概念是许多心理学学派所建构的关键概念，虽然各派的用法不尽相同，但大致上共通是指个人有意识的部分。自我是人格的心理组成部分。这里，现实原则暂时中止了快乐原则。由此，个体学会区分心灵中的思想与围绕着个体的外在世界的思想。自我在自身和其环境中进行调节。弗洛伊德认为自我是人格的执行者。超我是人格结构中的管制者，由完美原则支配，属于人格结构中的道德部分。在弗洛伊德的学说中，超我是父亲形象与文化规范的符号内化，由于对客体的冲突，超我倾向于站在"本我"的原始渴望的反对立场，而对"自我"带有侵略性。超我以道德心的形式运作，维持个体的道德感、回避禁忌。超我的形成发生在恋母情结的崩解时期，是一种对父亲形象的内化认同，由于小男孩无法成功地维持母亲成为其爱恋的客体，对父亲可能对其的阉割报复或惩罚产生阉割情结，进而转为认同父亲。本我只遵循快乐原则，一心满足自己。超我是我们人格中代表道德和良心的那一部分，自我是与外界接触的人格内容，它像一个调解人，对于本我的要求，它根据客观世界的规则，或予以潜抑，或予以部分实现，它的一切行为都是在超我的严厉审察监督之下实行的。如果自我违拗了超我的意志，超我就用内疚感和罪恶感来惩罚它。就这样，弗氏将人的心理活动设定在无意识、前意识、意识内以本我、自我、超我之间的斗争进行，这里面充满了潜抑和抗争，也有妥协和调解。来自内部的力与外部世界的原则进行着永恒的斗争。人的心理为了保持平衡，有自卫防御的功能，即心理防御机制。

心理防御机制是自我的一种防卫功能，很多时候，超我与本我之间，本我与现实之间，经常会有矛盾和冲突，这时人就会感到痛苦和焦虑，这时自我可以在不知不觉之中，以某种方式，调整一个冲突双方的关系，使超我的监察可以接受，同时本我的欲望又可以得到某种形式的满足，从而缓和焦虑，消除痛苦，这就是自我的心理防御机制，它包括压抑、否认、投射、退化、隔离、抵消、转化、合理化、补偿、升华、幽默、反向形成等各种形式。人类在正常和病态情况下都在不自觉地运用，运用得当，可减轻痛苦，帮助渡过心理难关，防止精神崩溃，运用过度就会表现出焦虑抑郁等病态心理症状。压抑是当一个人的某种观念、情感或冲动不能被超我接受时，就被潜抑到无意识中去，以使个体不再因之而产生焦虑、痛苦，这是一种不自觉的主动遗忘和抑制。否认指有意或无意地拒绝承认那些不愉快的现实以保护自我的心理防御机制。如有的人听到亲人突然死亡的消息，短期内否认有此事以减免突如其来的精神打击。投射指个体将自己不能容忍的冲动、欲望转移到他人的身上，以免除自责的痛苦，如一个人性张力过大，做梦时都梦见另一个人与异性在发生性行为，这是自我为了逃避超我的责难，又要满足自我的需要，将自己的欲望投射到别人的身上从而得到一种解脱的心理机制。退化指当人受到挫折无法应付时，即放弃已经学会的成熟态度和行为模式，使用以往较幼稚的方式来满足自己的欲望，这叫退化。如某些性变态病人就是如此，成年人遇到性的挫折无法满足时就用幼年性欲的方式来表达非常态的满足，例如在异性面前暴露自己的生殖器等。隔离是将一些不快的事实或情感分隔于意识之外，以免引起精神上的不愉快，这种机制叫隔离，如人们来月经，很多人都说成"来例假"，这样说起来可以避免尴尬。抵消是以象征性的行为来抵消已往发生的痛苦事件，如强迫症病人固定的仪式动作常是用来抵消无意识中乱伦感情和其他痛苦体验。转化指精神上的痛苦、焦虑转化为躯体症状表现出来，从而避开了心理焦虑和痛苦，如歇斯底里病人的内心焦虑或心理冲突往往以躯体化的症状表现出来，如瘫痪、失音、抽搐、晕厥、痉挛性斜颈等等，病者自己对此完全不知觉，转化的动机完全是潜意识的，是病者意识不能承认的。补偿是指个体利用某种方法来弥补其生理或心理上的缺陷，从而掩盖自己的自卑感和不安全感。合理化是个体遭受挫折时用利于自己的理由来为自己辩解，将面临的窘境加以文饰，以隐瞒自己的真实动机，从而为自己进行解脱的一种心理防御机制，如狐狸吃不到葡萄就说葡萄是酸的。升华指被压抑的不符合社会规范的原始冲动或欲望，用符合社会要求的建设性方式表达出来的一种心理防御机制，如用跳舞、绘画、文学等形式来替代性本能冲动的发泄。幽默是指以幽默的语言或行为来应付紧张的情境或表达潜意识的欲望。通过幽默来表达攻击性或性欲望，可以不必担心自我或超我的抵制，在人类的幽默中关于性爱、死亡、淘汰、攻击等话题是最受人欢迎的，它们包含着大量的受压抑的思想。反向形式是指自认为不符合社会道德规范的内心欲望或冲动会引起自我和超我的抵制，表现出来会被社会惩罚或引起内心焦虑，故朝相反的途径释放导致反向形成。如有些恐人症的病人内心是渴望接触异性的，但却偏偏表现出对异性的恐惧。

　　弗洛伊德是一个心理决定论者，他认为人类的心理活动有着严格的因果关系，没有一件事是偶然的，梦也不例外，绝不是偶然形成的联想，而是欲望的满足，在睡眠时，超我的检查松懈，潜意识中的欲望绕过抵抗，并以伪装的方式，乘机闯入意识而形成梦，可见梦是对清醒时被压抑到潜意识中的欲望的一种委婉表达。梦是通向潜意识的一条秘密通道。通过对梦的分析可以窥见人的内部心理，探究其潜意识中的欲望和冲突。通过释梦可以治疗神经症。

力比多即性力，泛指一切身体器官的快感，包括性倒错者和儿童的性生活。弗洛伊德提出，指一种与性本能有联系的潜在能量。他把性欲与自我保存本能做了对比，并用力比多一词开始指性欲或性冲动，后扩展为一种机体生存、寻求快乐和逃避痛苦的本能欲望，是一种与死的本能相反的生的本能的动机力量，弗洛伊德把它看作是人的一切心理活动和行为的动力源泉。性生活不等于生殖，"力比多"是性生活的真正动力。"力比多"是一种力量、本能，有时表现为性本能。比如，婴儿的性生活就是从吸乳开始的，以后每个阶段都有其不同的特征。儿童以父母为对象的选择倾向称为"俄狄浦斯情结""厄勒克特拉"，具体表现是女孩依恋父亲、男孩依恋母亲。到了青春期，"力比多"就导致孩子摆脱父母，去寻找新的性对象。弗洛伊德认为，治疗精神病的工作在于解放"力比多"，使其摆脱对先前的迷恋，而以自我为中心，从而消除不良症状。

精神分析学除对心理学和精神病学产生重要影响外，对文学、语言、宗教、哲学、伦理、艺术等也都产生了深刻影响。精神分析在文艺学方面应用主要是利用该学科的特有理论对文艺创作和欣赏进行个人心理研究。提出创作的动机是心理的欲望，特别是本能欲望受到压抑后产生的，进而通过幻想的形式加以满足，心理上会因此而产生审美的快感。心理分析在社会学方面应用主要是研究文明道德、宗教起源的深层心理学背景，以及社会的禁忌、伦理对人深层心理的影响，进而造成的心理的转化机制与形态。

经典篇章

《精神分析引论》节选

因此，我现在必须细述精神分析对于神经病症候的理论。为了达到这个目的而且为了便于类推和对比，最简单的办法是举一个类似于过失和梦的现象的例子。神经病中有一种动作名为"症候性动作"，在我的访问室里是常常看见的。病人在访问室内诉述他多年的病苦之后，分析家照例不作表示。别人或可表示意见，以为那些人本来没有什么病，不如稍微用点水疗法；至于分析家则见闻较博，不能有这种表示。有人问我的一位同事如何处理那些访问的病人，他耸着肩说，要"罚他们不少钱来赔偿时间的损失"。因此，你们听说即使最忙的精神分析家都很少有病人专来访问，也就不足为怪了。我在待诊室和访问室之间设一门，而访问室又有一门，室内铺上地毯。如此布置的理由则显而易见。当我允许病人由待诊室进来时，他们往往忘记关门，有时让两扇门都开着。我要是看见这种情形，便肯定不客气，请他或她回去将门关好，不管他是怎样的一个绅士，也不管她是怎样的一个时髦女子。我这种举动当然是傲慢的；有时我也知道是出于误会。但就大多数情况而言，我的确是不错的，因为一个人如果将医生的访问室和待诊室之间的门开着不关，他便算是下等人，应该被我们轻视。你们在没有听完我的话之前，请不要误会我的意思。一个病人只有当待诊室没有他人共同候诊的时候，才走进访问室而忘记了关门；假使有一生客也在等着，则决不至于如此疏忽。因为那时，他很明白为了自己的利益，最好和医生谈话时不要被第三者听见；因此他总是慎重地将两扇门都关好的。

因此，病人的忘记关门不是偶然的，也不是无意义的，更不是无关紧要的，因为由此泄露了访问者对医生的态度。他正像世上有些人，去谒见地位较高的人，要瞻仰他的声势；他也许先用电话问何时可被接见，同时又渴望访问者丛集，好像欧战时杂货店内所看见的那样。不料，他进来看见一个空房间，而且布置又很朴素，于是不免深感失望了。他以为医生既如此失敬，便不得不予以惩戒；因此，他将待诊室和访问室之间的两扇门开着。他的意思是："喂！这里现在没有别人，无论我在这里坐多少时候，我敢说也没有第二个人来的。"假使他这个想法开始时不受到打击，他或许在谈话时也会表示一种傲慢无礼的态度。

对于这种小小的症候性动作的分析，不外有下面几点：（一）这种动作不是偶然的，各有其动机、意义和目的；（二）这种动作所属的心理背景是可以一一指出的；（三）由这种小动作出发，可以推知一种更重要的心理历程。但是此外还有一点，就是作这种动作的人并没有意识到这个动作；因为将那两扇门开着不关的人们决不肯承认自己有意借此表示对于我的侮蔑。有许多人也许记得自己因待诊室空着而有失望之感，然而这个印象和其后发生的症候性动作之间的关系，的确在他们的意识之外。

……

我们不必有精神病学的许多经验，也可以知道（一）她在叙述症候时太心平气和了，或太有所隐瞒了，以致和他种神经病不同，（二）她确实仍旧相信那封匿名信里的话。

一个精神病学者对于这种病症究竟取什么态度呢？他对于病人不关待诊室的门那种症候性动作的意见，我们不难揣测而知。他解释说这件事是偶然的，没有心理学上的兴趣，所以大可不必研究。然而他对于这个妒妇的病症，却不能再持这种态度了。症候性动作似乎是无关紧要；至于症候却要引起重大的注意。在主观上讲，症候伴有强烈的痛苦；在客观上讲，有使家庭破裂的危险；所以毫无疑问地要唤起精神病学者的兴趣。第一，精神病学者将予此症候以若干主要的属性。那折磨着老太太的观念在本身上不能说是无意义的；老年的丈夫确也有和少妇发生关系的可能。然而，关于这个观念，却另有若干无意义而不可解之点。病者除匿名信外，绝对没有理由可以假定其亲爱忠实的丈夫也曾作这种事，虽然不能算是普通的事。她知道这个消息缺乏证据，也能完满地解释消息的来源；因此，她该能明白这种妒忌是毫无根据的；她确也如此说过，然而她仍然好像真有其事而深感痛苦。这种不合逻辑和现实的观念，通称"妄想"。因此，那老太太的苦恼乃起于一种"妒忌妄想"。这显然是病的主要特征。

这第一点如果成立，我们的精神病学的兴趣必因此而增加。一种妄想既不因实在的事实而消灭，则必定不起源于实在。那么它的起源究在哪里呢？妄想本可有各色各样的内容，何以此病的妄想唯独以妒忌为内容呢？又哪一种人才会产生妄想，尤其是妒忌的妄想呢？我们原希望请教精神病学者，然而请教的结果，仍不能使我们了解。我们有许多问题，他只讨论了一个。他将研究这个老太太的家族史，或将给我们一个答案，以为一个人的家族史中如果常发生类似的或不同的精神错乱，则其本人也将患有妄想。换句话说，这位老太太发生妄想，就因为她有引起这一妄想的遗传倾向。这句话固然耐人寻味，然而这已尽举我们所想知道的一切了吗？这难道是她得病的唯一原因吗？我们难道可以假定病人发生这种妄想而不发生他种妄想这一事实是无关紧要的，任意的，而不可解释的吗？所谓遗传倾向确实可以支配一切吗？无论她一生曾有何种经验和情绪，总不免在此时或彼时发生一种妄想吗？你们或者要知道科学的精神病学为什么不能给我们以进一步的解释。我可以告诉你："一个人有多少，才可以给多少；只是骗子才以空言欺人。"精神病学者对于这种病不知道如何才能作进一步的解释。你虽有丰富的经验，也只得以诊断和妄测其病的将来变化而自足了。

……

精神分析虽屡受驳斥，但是你们也许有人对于它表示好感，希望它在治疗方面能自圆其说。你们知道精神病学向来没有打破妄想的能力。精神分析既深知妄想的机制，也许能治疗妄想吧。然而我也要告诉你们："不！"无论如何，就目前说，正和他种治疗法一样，它还没有治疗妄想的能力。病人有何经过，我们固然了解；可没有使他自己也了解的方法。你们已知道我对于刚才所说的妄想，仅只能作最初步的分析。因此，你们或许以为这种分析是不适宜的，反正没有结果。而我则不以此意为然。只管研究，不问是否立即见效，乃见我们的权利，也是我们的义务。也许有一天，我们所有一切零碎的知识都变而为能力，变为治疗的能力，不过这一天究在何地何时来到，现在还不知道。进一步说，精神分析尽管不能治疗妄想及其他神经病和精神病，然而也不失为科学研究的一种不可缺少的工具。我们还没有实现此术，那是无可讳言的；我们用作研究资料的是人，人是有生命和意志的，要参加这种研究，必先有一个动机；然而他可没有这个动机。因此，我愿以下面这一句话结束今天的演讲：就大多数的神经病来说，我们的知识确已产生治疗的能力；而且这些病原来是不易治疗的，但在某种情形之下，我们的技术所收获的结果，在医术上可算首屈一指了。

这些记忆能力的损坏，我已说过是癔病的特征，而且有时症候性状态即癔病的侵袭；虽已发生，却不必留有可以回忆的痕迹。因为强迫性神经病与此不同，所以我们可以推定这些遗忘的现象，乃是癔病的心理性质的一部分，而不是一般神经病的通性。这个区别的重要性可因下面的讨论而减少。一个症候的意义系由两种因素混合而成，即其来源和趋势或原因，换句话说，即（1）症候所由发生的印象和经验，及（2）症候所欲达到的目的。症候的来源可分析而为种种印象，这些印象都来自外界，当初必曾经是意识的，后来可因被遗忘而成为潜意识的。至于症候的原因或趋势则常为内心的历程，最初或可为意识的，但也可永远不为意识的，始终逗留于潜意识之内。所以症候的来源或症候所赖以维持的印象是否也被遗忘，和癔病一样，都是不大重要的；至于症候的趋势，一开始既可能是潜意识的，所以足以使症候有赖于潜意识。这在癔病和强迫性神经病中都莫不如此。

我们既然如此看重精神生活的潜意识，当然不免引起人类对于精神分析的怨恨。你们不要因此惊异，以为这个反抗是由于对潜意识不易了解，或者不易求得潜意识存在的证据，我相信它有一种更深的动机。人类的自尊心曾先后从科学领域受了两次重大的打击：第一次，是知道我们的地球不是宇宙的中心，仅仅是无穷大的宇宙体系的一个小斑点，我们把这个发现归功于哥白尼，虽然亚历山大的学说也曾表示过近似的观点。第二次，是生物学的研究剥夺了人的异于万物的创生特权，沦为动物界的物种之一，而同样具有一种不可磨灭的兽性：这个"价值重估"的功绩成于我们这个时代的查理·达尔文、华莱士，及其前人的鼓吹，也曾引起同时代人的最激烈的反抗。然而人们的自尊心受到了现代心理学研究的第三次最难受的打击；因为这种研究向我们每人的"自我"证明就连在自己的屋里也不能自为主宰。而且只要能得到少许关于内心的潜意识历程的信息，就不得不引以自满了。其实要人类观察内心的，也不仅是我们精神分析家，更不是从我们才开始的；我们不过是坚决地主张这是自己的本分，并坚决地用各人视为秘密的经验证据作出支持罢了。世人普遍地非难精神分析，甚至于不顾学者的态度和严谨的逻辑，就是由于这一主要原因。除此之外，我们又在另一方面，被迫扰乱了世界的安宁，这一层你们不久便可知道了。

第十八章

爱因斯坦的相对论

背景链接

　　阿尔伯特·爱因斯坦是一位知名的犹太裔理论物理学家、思想家及哲学家，也是相对论的创立者，经常被认为是现代物理之父及20世纪最重要的科学家之一。

　　1879年3月14日，爱因斯坦出生在德国乌尔姆，父母都是犹太人。爱因斯坦出生后的第二年，1880年全家迁居慕尼黑。1894年，又迁至意大利米兰。1895年，去瑞士的阿劳州立中学学习一年。1896年，爱因斯坦进入苏黎世联邦理工学院师范系学习物理学。1899年6月，爱因斯坦在实验室做实验时因意外爆炸，手部严重烧伤。1900年毕业，没能如愿留校担任助教，只能靠当"家教"维持生活。1901年取得瑞士国籍。1902年在大学同学格罗斯曼的父亲协助下，被伯尔尼瑞士专利局录用为技术员，从事发明专利申请的技术鉴定工作。他利用业余时间开展科学研究，于1905年在物理学三个不同领域中取得了历史性成就，特别是狭义相对论的建立和光量子论的提出，推动了物理学理论的革命。翌年1月15日，取得苏黎世大学的博士学位。1915年11月，提出广义相对论引力方程的完整形式，并且成功地解释了水星近日点运动。1916年3月，完成总结性论文《广义相对论的基础》。5月提出宇宙空间有限无界的假说。8月完成《关于辐射的量子理论》，总结量子论的发展，提出受激辐射理论。因在光电效应方面的研究，1921年被授予诺贝尔物理学奖。1933年1月，纳粹党攫取德国政权后，爱因斯坦3月返回欧洲后避居比利时，9月9日渡海到英国，10月转到美国担任新建的普林斯顿高级研究院的教授，直至1945年退休。1940年他取得美国国籍。1939年他获悉铀核裂变及其链式反应的发现，上书罗斯福总统，建议研制原子弹，以防德国占先。1952 年 11 月，以色列第 1 任总统魏斯曼死后，以色列政府请他担任第 2 任总统，被拒绝。1955 年，爱因斯坦与罗素联名发表了反对核战争和呼吁世界和平的《罗素－爱因斯坦宣言》。1955 年 4 月 18 日逝世于普林斯顿。为遵照他的遗嘱，死后没有举行任何丧礼，也不筑坟墓，不立纪念碑，骨灰撒在永远保密的地方，目的是不会令埋葬他的地方成为圣地。2009 年 10 月 4 日，诺贝尔基金会评选"1921 年物理学奖得主爱因斯坦"为诺贝尔奖百余年历史上最受尊崇的 3 位获奖者之一（其他两位是 1964 年和平奖得主马丁·路德·金、1979 年和平奖得主德兰修女）。

思想综述

爱因斯坦的成就是多方面的，首先来看他的相对论。相对论和量子力学是现代物理学的两大基本支柱。相对论的基本假设是相对性原理，即物理定律与参照系的选择无关。狭义相对论和广义相对论的区别是，前者讨论的是匀速直线运动的参照系（惯性参照系）之间的物理定律，后者则推广到具有加速度的参照系中（非惯性系），并在等效原理的假设下，广泛应用于引力场中。经典物理学基础的经典力学，不适用于高速运动的物体和微观领域。相对论解决了高速运动问题，颠覆了人类对宇宙和自然的"常识性"观念，提出了"时间和空间的相对性""四维时空""弯曲空间"等全新的概念。

马赫和休谟的哲学对爱因斯坦影响很大。马赫认为时间和空间的量度与物质运动有关，时空的观念是通过经验形成的。绝对时空无论依据什么经验也不能把握。休谟更具体地说：空间和广延不是别的，而是按一定次序分布的可见的对象充满空间。而时间总是由能够变化的对象的可觉察的变化而发现的。1905 年爱因斯坦指出，牛顿的绝对时空观念是错误的，不存在绝对静止的参照物，时间测量也是随参照系不同而不同的。他用光速不变和相对性原理提出了洛仑兹变换。创立了狭义相对论。狭义相对论是建立在四维时空观上的一个理论，因此要弄清相对论的内容，要先对相对论的时空观有个大体了解。四维时空是构成真实世界的最低维度，我们的世界恰好是四维。有一个例子，一把尺子在三维空间里（不含时间）转动，其长度不变，但旋转它时，它的各坐标值均发生了变化，且坐标之间是有联系的。四维时空的意义就是时间是第四维坐标，它与空间坐标是有联系的，也就是说时空是统一的，不可分割的整体，它们是一种"此消彼长"的关系。四维时空不仅限于此，由质能关系知，质量和能量实际是一回事，质量（或能量）并不是独立的，而是与运动状态相关的，比如速度越大，质量越大。在四维时空里，质量（或能量）实际是四维动量的第四维分量，动量是描述物质运动的量，因此质量与运动状态有关就是理所当然的了。在四维时空里，动量和能量实现了统一，称为能量动量四矢。另外，在四维时空里还定义了四维速度、四维加速度、四维力、电磁场方程组的四维形式等。相对论中，时间与空间构成了一个不可分割的整体——四维时空，能量与动量也构成了一个不可分割的整体——四维动量。这说明自然界一些看似毫不相干的量之间可能存在深刻的联系。在今后论及广义相对论时我们还会看到，时空与能量动量四矢之间也存在着深刻的联系。

　　狭义相对论给出了物体在高速运动下的运动规律，并提示了质量与能量相当，给出了质能关系式：$E=mc \times c$。狭义论的原理是，物质在相互作用中作永恒的运动。没有不运动的物质，也没有无物质的运动，由于物质是在相互联系、相互作用中运动的，因此，必须在物质的相互关系中描述运动，而不可能孤立地描述运动。也就是说，运动必须有一个参考物，这个参考物就是参考系。伽利略曾经指出，运动的船与静止的船上的运动不可区分，也就是说，当你在封闭的船舱里，与外界完全隔绝，那么即使你拥有最发达的头脑，最先进的仪器，也无从感知你的船是匀速运动，还是静止。更无从感知速度的大小，因为没有参考。爱因斯坦将其引用，作为狭义相对论的第一个基本原理：狭义相对性原理。其内容是：惯性系之间完全等价，不可区分。著名的麦克尔逊·莫雷实验彻底否定了光的以太学说，得出了光与参考系无关的结论。也就是说，无论你站在地上，还是站在飞奔的火车上，测得的光速都是一样的。这就是狭义相对论的第二个基本原理：光速不变原理。由这两条基本原理可以直接推导出相对论的坐标变换式，速度变换式等所有的狭义相对论内容。比如速度变换，与传统的法则相矛盾，但实践证明是正确的，因此，从这个意义上说，光速是不可超越的，因为无论在哪个参考系，光速都是不变的。速度变换已经被粒子物理学的无数实验证明，是无可挑剔的。正因为光的这一独特性质，因此被选为四维时空的唯一标尺。根据狭义相对性原理，惯性系是完全等价的，因此，在同一个惯性系中，存在统一的时间，称为同时性。而相对论证明，在不同的惯性系中，却没有统一的同时性，也就是两个事件（时空点）在一个惯性系内同时，在另一个惯性系内就可能不同时，这就是同时的相对性，在惯性系中，同一物理过程的时间进程是完全相同的，如果用同一物理过程来度量时间，就可在整个惯性系中得到统一的时间。相对论导出了不同惯性系之间时间进度的关系，发现运动的惯性系时间进度慢，这就是所谓的钟慢效应。可以通俗的理解为，运动的钟比静止的钟走得慢，而且，运动速度越快，钟走的越慢，接近光速时，钟就几乎停止了。尺子的长度就是在一惯性系中"同时"得到的两个端点的坐标值的差。由于"同时"的相对性，不同惯性系中测量的长度也不同。相对论证明，在尺子长度方向上运动的尺子比静止的尺子短，这就是所谓的尺缩效应，当速度接近光速时，尺子缩成一个点。由以上陈述可知，钟慢和尺缩的原理就是时间进度有相对性。也就是说，时间进度与参考系有关。这就从根本上否定了牛顿的绝对时空观，相对论认为，绝对时间是不存在的，然而时间仍是个客观量。比如在双生子理想实验中，哥哥乘飞船回来后是15岁，弟弟可能已经是45岁了，说明时间是相对的，但哥哥的确是活了15年，弟弟也的确认为自己活了45年，这是与参考系无关的，时间又是"绝对的"。这说明，不论物体运动状态如何，它本身所经历的时间是一个客观量，是绝对的，这称为固有时。也就是说，无论你以什么形式运动，你都认为你喝咖啡的速度很正常，你的生活规律都没有被打乱，但别人可能看到你喝咖啡用了100年，而从放下杯子到寿终正寝只用了1秒钟。

爱因斯坦只用了几个星期就建立起了狭义相对论，然而为解决这两个困难，建立起广义相对论却用了整整10年时间。建立了广义相对论以后，爱因斯坦后来的约40年的时间都用来探索统一场论，试图把引力和电磁力统一起来，以完成物理学的完全统一。爱因斯坦的广义相对论认为，由于有物质的存在，空间和时间会发生弯曲，而引力场实际上是一个弯曲的时空。爱因斯坦用太阳引力使空间弯曲的理论，很好地解释了水星近日点那个一直无法解释的43秒。广义相对论的第二大预言是引力红移，即在强引力场中光谱向红端移动，20 世纪 20 年代，天文学家在天文观测中证实了这一点。广义相对论的第三大预言是引力场使光线偏转。最靠近地球的大引力场是太阳引力场，爱因斯坦预言，遥远的星光如果掠过太阳表面将会发生 1.7 秒的偏转。1919 年，在英国天文学家爱丁顿的鼓动下，英国派出了两支远征队分赴两地观察日全食，经过认真的研究得出最后的结论是：星光在太阳附近的确发生了 1.7 秒的偏转。

　　广义相对论是基于狭义相对论的。为了理解广义相对论，必须明确质量在经典力学中是如何定义的。质量的两种不同表述是：首先，让我们思考一下质量在日常生活中代表什么。"它是重量"？事实上，我们认为质量是某种可称量的东西，正如我们是这样度量它的：我们把需要测出其质量的物体放在一架天平上。这样做是利用了地球和被测物体相互吸引的事实。这种质量被称作"引力质量"。我们称它为"引力的"是因为它决定了宇宙中所有星星和恒星的运行：地球和太阳间的引力质量驱使地球围绕后者作近乎圆形的环绕运动。现在，试着在一个平面上推你的汽车。你不能否认你的汽车强烈地反抗着你要给它加速度。这是因为你的汽车有一个非常大的质量。移动轻的物体要比移动重的物体轻松。质量也可以用另一种方式定义："它反抗加速度"。这种质量被称作"惯性质量"。因此得出这个结论：可以用两种方法度量质量。要么称它的重量（非常简单），要么测量它对加速度的抵抗（使用牛顿定律）。人们做了许多实验以测量同一物体的惯性质量和引力质量。所有的实验结果都得出同一结论：惯性质量等于引力质量。日常经验验证了这一等同性：两个物体（一轻一重）会以相同的速度"下落"。然而重的物体受到的地球引力比轻的大。那么为什么它不会"落"得更快呢？因为它对加速度的抵抗更强。结论是，引力场中物体的加速度与其质量无关。伽利略是第一个注意到此现象的人。物体"下落"是由于地球的引力质量产生了地球的引力场。两个物体在所有相同的引力场中的速度相同。不论是月亮的还是太阳的，它们以相同的比率被加速。这就是说它们的速度在每秒钟内的增量相同（加速度是速度每秒的增加值）引力质量和惯性质量的等同性是爱因斯坦论据中的第三假设。爱因斯坦一直在寻找"引力质量与惯性质量相等"的解释。为了这个目标，他作出了被称作"等同原理"的第三假设。它说明：如果一个惯性系相对于一个伽利略系被均匀地加速，那么就可以通过引入相对于它的一个均匀引力场而认为它（该惯性系）是静止的。因此如果确立等同原理，物体的两种质量相等只是它的一个简单推论。这就是为什么（质量）等同是支持等同原理的一个重要论据。爱因斯坦提出"等效原理"，即引力和惯性力是等效的。这一原理建立在引力质量与惯性质量的等价性上。根据等效原理，爱因斯坦把狭义相对性原理推广为广义相对性原理，即物理定律的形式在一切参考系都是不变的。物体的运动方程即该参考系中的测地线方程。测地线方程与物体自身固有性质无关，只取决于时空局域几何性质。而引力正是时空局域几何性质的表现。物质质量的存在会造成时空的弯曲，在弯曲的时空中，物体仍然顺着最短距离进行运动（即沿着测地线运动——在欧氏空间中即是直线运动），如地球在太阳造成的弯曲时空中的测地线运动，实际是绕着太阳转，造成引力作用效应。正如在弯曲的地球表面上，如果以直线运动，实际是绕着地球表面的大圆走。引力是时空局域几何性质的表现。虽然广义相对论是爱因斯坦创立的，但是它的数学基础的源头可以追溯到欧氏几何的公理和数个世纪以来为证明欧几里德第五公设（即平行线永远保持等距）所做的努力。非欧几何的一般数学理论是由高斯的学生黎曼发展出来的。所以也称为黎曼几何或曲面几何，在爱因斯坦发展出广义相对论之前，人们都认为非欧几何是无法应用到真实世界中来的。在广义相对论中，引力的作用被"几何化"——即是说：狭义相对论的空间背景加上万有引力的物理图景，在广义相对论中变成了黎曼空间背景下不受力（假设没有电磁等相互作用）的自由运动的物理图景，其动力学方程与自身质量无关而成为测地线方程。

按照广义相对论，在局部惯性系内，不存在引力，一维时间和三维空间组成四维平坦的欧几里得空间；在任意参考系内，存在引力，引力引起时空弯曲，因而时空是四维弯曲的非欧黎曼空间。爱因斯坦找到了物质分布影响时空几何的引力场方程。时间空间的弯曲结构取决于物质能量密度、动量密度在时间空间中的分布，而时间空间的弯曲结构又反过来决定物体的运动轨道。在引力不强、时间空间弯曲很小情况下，广义相对论的预言同牛顿万有引力定律和牛顿运动定律的预言趋于一致；而引力较强、时间空间弯曲较大情况下，两者有区别。

爱因斯坦的重要思想还有光电效应、"上帝不掷骰子"、宇宙常数等。光照射到某些物质上，引起物质的电性质发生变化，这类光致电变的现象被人们统称为光电效应。光电效应分为光电子发射、光电导效应和光生伏特效应。前一种现象发生在物体表面，又称外光电效应。后两种现象发生在物体内部，称为内光电效应。赫兹于1887年发现光电效应，爱因斯坦第一个成功地解释了光电效应。金属表面在光辐照作用下发射电子的效应，发射出来的电子叫做光电子。光波长小于某一临界值时方能发射电子，即极限波长，对应的光的频率叫做极限频率。临界值取决于金属材料，而发射电子的能量取决于光的波长，而与光强度无关，这一点无法用光的波动性解释。还有一点与光的波动性相矛盾，即光电效应的瞬时性，按波动性理论，如果入射光较弱，照射的时间要长一些，金属中的电子才能积累住足够的能量，飞出金属表面。可事实是，只要光的频率高于金属的极限频率，光的亮度无论强弱，光子的产生都几乎是瞬时的，不超过十的负九次方秒。正确的解释是光必定是由与波长有关的严格规定的能量单位（即光子或光量子）所组成。光电效应里，电子的射出方向不是完全定向的，只是大部分垂直于金属表面射出，与光照方向无关，光是电磁波，但是光是高频震荡的正交电磁场，振幅很小，不会对电子射出方向产生影响。

爱因斯坦曾经是量子力学的催生者之一，但是他不满意量子力学的后续发展，爱因斯坦始终认为"量子力学（以玻恩为首的哥本哈根诠释：'基本上，量子系统的描述是机率的。一个事件的几率是波函数的绝对值平方。'）不完整"，但苦于没有好的解说样板，也就有了著名的"上帝不掷骰子"的否定式呐喊！其实，爱因斯坦的直觉是对的，决定论的量子诠释才是"量子论诠释"的本真、根源。爱因斯坦到过世前都没有接受量子力学是一个完备的理论。爱因斯坦还有另一个名言："月亮是否只在你看着他的时候才存在？"

爱因斯坦在提出相对论的时候，曾将宇宙常数（为了解释物质密度不为零的静态宇宙的存在，他在引力场方程中引进一个与度规张量成比例的项，用符号 A 表示。该比例常数很小，在银河系尺度范围可忽略不计。只在宇宙尺度下，A 才可能有意义，所以叫作宇宙常数。即所谓的反引力的固定数值）代入他的方程。他认为，有一种反引力，能与引力平衡，促使宇宙有限而静态。当哈勃以天文望远镜展示给爱因斯坦看时，爱因斯坦惭愧极了，他说："这是我一生所犯下的最大错误。"宇宙是膨胀着的！哈勃等认为，反引力是不存在的，由于星系间的引力，促使膨胀速度越来越慢。那么，爱因斯坦就完全错了吗？不！星系间有一种扭旋的力，促使宇宙不断膨胀，即暗能量。70亿年前，它们"战胜"了暗物质，成为宇宙的主宰。最新研究表明，按质量成分（只算实质量，不算虚物质）计算，暗物质和暗能量约占宇宙96％。看来，宇宙将不断加速膨胀，直至解体死亡。宇宙常数虽存在，但反引力的值远超过引力。也难怪这位偏强的物理学家与波尔在量子力学的争论："上帝是不掷骰子的！"（不要指挥上帝如何决定宇宙的命运）。

经典篇章

《论动体的电动力学》节选

§1 同时性的定义

……如果在空间的 A 点放一只钟，那么对于贴近 A 处的事件的时间，A 处的一个观察者能够由找出同这些事件同时出现的时针位置来加以测定，如果又在空间的 B 点放一只钟——我们还要加一句，"这是一只同放在 A 处的那只完全一样的钟。"那么，通过在 B 处的观察者，也能够求出贴近 B 处的事件的时间。但要是没有进一步的规定，就不可能把 A 处的事件同 B 处的事件在时间上进行比较；到此为止，我们只定义了" A 时间"和" B 时间"，但是并没有定义对于 A 和 B 是公共的"时间"。只有当我们通过定义，把光从 A 到 B 所需要的"时间"，规定为等于它从 B 到 A 所需要的"时间"，我们才能够定义 A 和 B 的公共"时间"。设在" A 时间" t_A，从 A 发出一道光线射向 B，它在" B 时间"，t_B。又从 B 被反向射向 A，而在" A 时间" t'_A 回到 A 处。如果 $t_B - t_A = t'_A - t'_B$

那么这两只钟按照定义是同步的。

我们假定，这个同步性的定义是可以没有矛盾的，并且对于无论多少个点也都适用，于是下面两个关系是普遍有效的：

（1）如果在 B 处的钟同在 A 处的钟同步，那么在 A 处的钟也就同 B 处的钟同步。

（2）如果在 A 处的钟既同 B 处的钟，又同 C 处的钟同步的，那么，B 处同 C 处的两只钟也是相互同步的。

这样，我们借助于某些（假想的）物理经验，对于静止在不同地方的各只钟，规定了什么叫做它们是同步的，从而显然也就获得了"同时"和"时间"的定义。一个事件的"时间"，就是在这事件发生地点静止的一只钟同该事件同时的一种指示，而这只钟是同某一只特定的静止的钟同步的，而且对于一切的时间测定，也都是同这只特定的钟同步的。

根据经验，我们还把下列量值

$2|AB|/(t'_A-t_A)=C$ 当作一个普适常数（光在空虚空间中的速度）。

要点是，我们用静止在静止坐标系中的钟来定义时间，由于它从属于静止的坐标系，我们把这样定义的时间叫做"静系时间"。

§2 关于长度和时间的相对性

下面的考虑是以相对性原理和光速不变原理为依据的，这两条原理我们定义如下：

（1）物理体系的状态据以变化的定律，同描述这些状态变化时所参照的坐标系究竟是用两个在互相匀速移动着的坐标系中的哪一个并无关系。

（2）光速不变原理，在狭义相对论中，指的是无论在何种惯性系（惯性参照系）中观察，光在真空中的传播速度都是一个常数，不随光源和观察者所在参考系的相对运动而改变。这个数值是 299,792,458 米／秒。

由此，得光速＝光路的路程／时间间隔。

这里的"时间间隔"，是依照 §1 中所定义的意义来理解的。

设有一静止的刚性杆；用一根也是静止的量杆量得它的长度是 l，我们现在设想这杆的轴是放在静止坐标系的 X 轴上，然后使这根杆沿着 X 轴向 x 增加的方向作匀速的平行移动（速度是 v）。我们现在来考查这根运动着的杆的长度，并且设想它的长度是由下面两种操作来确定的：

a）观察者同前面所给的量杆以及那根要量度的杆一道运动，并且直接用量杆同杆相叠合来量出杆的长度，正像要度量的杆、观察者和量杆都处于静止时一样。

b）观察者借助于一些安置在静系中的、并且根据 §1 作同步运行的静止的钟，在某一特定时刻 t，求出那根要量的杆的始末两端处于静系中的哪两个点上。用那根已经使用过的在这种情况下是静止的量杆所量得的这两点之间的距离，也是一种长度，我们可以称它为"杆的长度"。

由操作 a ）求得的长度，我们可称之为"动系中杆的长度"。根据相对性原理，它必定等于静止杆的长度 l。

由操作 b ）求得的长度，我们可称之为"静系中（运动着的）杆的长度"。这种长度我们要根据我们的两条原理来加以确定，并且将会发现，它是不同于 l 的。

通常所用的运动学心照不宣地假定了：用上面这两种操作所测得的长度彼此是完全相等的，或者换句话说，一个运动着的刚体，于时期 t，在几何学关系上完全可以用静止在一定位置上的同一物体来代替。

此外，我们设想，在杆的两端（ A 和 B ），都放着一只同静系的钟同步了的钟，也就是说，这些钟在任何瞬间所报的时刻，都同它们所在地方的"静系时间"相一致；因此，这些钟也是"在静系中同步的"。

我们进一步设想，在每一只钟那里都有一位运动着的观察者同它在一起，而且他们把 §1 中确立起来的关于两只钟同步运行的判据应用到这两只钟上。设有一道光线在时间 t_A 从 A 处发出，在时间 t_B 于 B 处被反射回，并在时间 t'_A 返回到 A 处。考虑到光速不变原理，我们得到：

$$t_B - t_A = r_{AB} / （C - V） \text{ 和 } t'_A - t_B = r_{AB} / （C + V）$$

此处 r_{AB} 表示运动着的杆的长度——在静系中量得的。因此，同动杆一起运动着的观察者会发现这两只钟不是同步进行的，可是处在静系中的观察者却会宣称这两只钟是同步的。

由此可见，我们不能给予同时性这概念以任何绝对的意义；两个事件，从一个坐标系看来是同时的，而从另一个相对于这个坐标系运动着的坐标系看来，它们就不能再被认为是同时的事件了。